「一見、いい人」が一番ヤバイ

心理カウンセラー
下園壮太

PHP

◉はじめに

あなたが日々、接する人のなかに「魅力があって、刺激的な人なんだけれど会った後は、なぜか気持ちがざわざわする人」や、「いい人なのに、どこか息苦しさを感じる人」、「会っている時は楽しいけれど、その後なぜかぐったり疲れてしまう人」は、いませんか。

いつもハイテンションで明るい性格人気者。なのに、ときどきイラッとしてしまう後輩。

「なんでも私に話してね！」と言われ、ついあれこれ打ち明けてしまったけれど、周囲に言いふらされないか心配な、聞き上手の先輩。

「任せるから！　頼りにしているよ！」と部下を信頼している雰囲気なのに、何らかの不都合が表面化すると「いや〜、○○君が責任を持ってやってくれていたから……」とうっすらと責任逃《のが》れをする上司。

会社ではとても人当たりがいいのに毎晩のように愚痴《ぐち》メールをしてくる同僚。

疲れてもう帰りたいのに、「君はどうなりたいんだ?」と、熱心にコーチングしようとする上司など……。

このような「一見、いい人」が厄介なのは、その困った行為に、多くの場合「悪意」がないこと。自分の態度で他人が傷ついていることにさえ、まったく気が付いていないこともあります。

また、文字通り表面的には「一見、いい人」なので「ここが嫌!」「こういうところが困る」という、明らかな〝悪いポイント〟が見えにくく、具体的に指摘もしにくいというのも一つの特徴です。

ですから、こちらが意を決して苦情を訴えたとしても、言われた本人はピンとこない。また、周囲の人に「この人、困る」と相談しようとしても、「え? どこが? いい人じゃない」と返されてしまい、**あなたが感じている違和感を理解してもらいにくい。**

もしかしたら、同じように思っている人もいるかもしれませんが、「一見、いい人」に対してそのような気持ちを抱いていることをあからさまに出す人は少なく、共感してくれる仲間を見つけにくいのです。

「一見、いい人」は、人当たりも良いので、周囲からの評価が良かったり、責任あるポストに就《つ》いている、ということも往々《おうおう》にしてあります。大多数が「いい人」だと思っている人には不満も言い出しにくい。抗議をするあなたの立場が悪くなるリスクがあるからです。

「嫌だ」と確かに思っている。でも、「この人はいい人だし……」という葛藤《かっとう》があると、気持ちはくすぶり続けます。

次第にあなたは、「こんなにいい人を疎《うと》ましく感じる自分が間違っているのかも」と思い始め、嫌だと感じている気持ちにフタをするように。すると、エネルギーをどんどん失っていく「消耗《しょうもう》疲れ」が起こります。

●気持ちを認めれば、楽になる！

私は、陸上自衛隊初の心理幹部として、20年以上にわたり、多くの衛生隊員（医師、看護師、救急救命士）の指導やレンジャー隊員たちのコーチングを行なってきました。２０１５年に自衛隊を定年退官してからは、メンタルレスキュー協会のシニアインストラクターとして、カウンセリングのトレーニングや講演活動を行ないながら、災害や事故など惨事《さんじ》後の対処や自殺後に残された人々のケアなど、これまでに現場で培《つちか》ってきた感情ケアのノウハウをお広めしています。

また、カウンセラーとしても、さまざまな職種、年代のクライアントのカウンセリングを継続的に行っています。

クライアントには、心身のエネルギーが低下し、なにもやりたくない、という人や、疲れ切っているのに眠れない、自分を責め続ける、といった、うつ症状に悩んでいる方がたくさんいらっしゃいます。

その原因として、職場などで周囲からもわかるようなパワハラを受けて、うつになってしまった方もいますが、本書でお話しするような、**「一見、いい人」に接する疲れによってじわじわとエネルギーを奪《うば》われ、それでも「がんばろう」「立**

て直そう」「気にしないようにしよう」と戦い続けた結果、エネルギーが底をついてしまった、という人もじつは多いのです。

みなさんに共通するのは、誰とでもうまくやっていかなければならない、こんなことで愚痴を吐《は》いてはいけない、と自らを律《りっ》する「がんばりや」で、怒りや不安といったネガティブな感情を認めることをついおろそかにしてしまっていた、ということ。私は、そういった心のクセを、さまざまなやり方で手放すお手伝いをしているのです。

メンタルトレーニングには、さまざまな書籍や実践法があります。ですが、ほとんどが外国からの輸入ものです。

日本人と外国の方では、メンタルのベースが異なり、我慢強く、不安の大きい日本人に応じたやり方を行なう必要があります。私は、自衛隊や、一般の方々を対象にいろいろな角度から働きかけてきた結果、「これは役立つ」と思うものだけをお伝えすることにしています。

世の中には、情報があふれています。心を整えたいとき、「こんなふうになりたい」という目標と、「そのためには、こうすればいい」という方法論についての情報をあなたはたくさん見つけることができるでしょう。ただ、実際にやってみても、なかなか、うまくいかない。

たとえば、イライラしないためには相手の目線で考えてみる、相手にだって言い分がある、と考えてみることが大切、というところまではわかります。でも、イライラして自分が疲れているときに、どうやったら相手目線になって考えるクセをつけることができるか。私は、メンタルトレーニングのプロとして、無理なく練習できる方法をつねに作り出したいと考えています。

●相手が「一見、いい人」だから、対処が難しい

あなたは、「あの人はいい人なのに、なんで一緒にいるとこんなに疲れてしまうんだろう」と気になっているはずです。理由は明白。ひとことで言うと「逃

げ遅れ」。「いい人に疲れる」というのは、「見るからに迷惑な人と一緒にいて疲れる」のよりも、もっと状態が深刻なのです。

私は、**人間にとって一番怖いのは人間**だ、と思っています。

なぜなら、物にあふれ、便利な文明社会に生きている私たちですが、その本質は、太古の昔の原始人のままだから。生き残りをかけて食料を奪い合い、群れの中で自分の優位性を主張しあう、という本能が、人の心には今も色濃く残っています。ですから、危険な人からは、できるだけ離れていたいし、離れていないと安心できません。

しかし、現代では、「人と人は仲良く穏やかにつきあうべき」という理想ばかりが強調され、人の本音は「隠すべき、我慢すべきもの」とされています。

理想のかたちが念頭にあるから、相手が「一見、いい人」であると、その表面的な情報を信じてしまいます。そして、相手に隠されている「あなたを苦しめている部分」を見逃し、相手を嫌う自分の考えのほうを矯正《きょうせい》しようとしてしまうのです。

では「一見、いい人」と、どのように接すればいいのでしょうか。

あなた自身が人づきあいでじわじわとダメージを受けているのであれば、いま最優先すべきは、自分の「苦しい感情」を認めることです。

疲れてしまっている自分の状態に応じて、無理のない方法で気持ちに触れたり、出来事のとらえ方を変える、というプロセスで、苦しさの色合いは弱まっていきます。

その上で、「人」全般に対する期待値を少し下げてみましょう。人はそれぞれ、その人なりの「生き方」を一生をかけて作り上げています。そのかたちは決して完璧なものではなく、誰もがどこかでこぼこして、不完全な部分を持っている、という目で人を見られるようになると、自分にも他人にも優しくなることができます。

本書では、「感情」「エネルギー」「不安」「疲労」など、私たちの悩みと密接に関わるキーワードを手がかりに、「気持ちのメカニズム」を説明します。このメカニズムを知ることは、「一見、いい人」に対する悩みを軽くするだけでなく、**自分の日常的なこころのケア、からだのケア、ストレスへの向き合い方など、さまざまなことに応用が可能**です。繰り返し読んで、実際にそのやり方を使い、磨きをかけていってください。

◇本書の使い方

第1章では、あなたが「一見、いい人」にどんなふうにエネルギーを吸い取られているのかをわかりやすく説明します。

「一見、いい人」は、実はサイコパスよりも手強《てごわ》い相手。他の人からエネルギーを奪っている事実が目に見えやすいサイコパスの人よりも対処するのが遅れ、逃げ損ねてしまいがちなので、低温やけどのようにそのダメージは深く、回復も長引きがちです。この章を読むと、「あの人の前でイライラしたり不安になるのは、当たり前だったんだ」と理解できるでしょう。

第2章では、そもそも私たち人間にとって、なにが苦しみを深める要因となるのかを振り返り、自分の「感情」を見つめていきます。さらに、第3章では、「消耗」、「警戒」、「自己嫌悪」といった3つの「苦しみ疲れスイッチ」について解説しながら、あなたの苦しみの本当の姿に向きあっていきます。

第4章では、いよいよ、「一見、いい人」のパターン別・処方箋《せん》へ。彼らとうまく距離を保つにはどうすればいいのでしょう。また、距離を保つくらいでは太刀打ちできない場合、どうやって彼らから逃げればいいのでしょう。「一見、いい人」を黙らせる殺し文句は？　このような具体的対処法についても、私がふだんカウンセリングの現場で行なっているのと同じやり方で提案します。

第5章では、「一見、いい人」にむやみに疲れないようにするための、日常的な「自分のケア」について。ぜひ今日から実践してほしい、心身の整え方をお伝えします。

「一見、いい人」にずっと悩まされてきたあなたは、これまで、**いかに彼らから無意識のコントロールを受けていたか、あらためて知る**ことになります。そして、あなたは決して無力ではなく、できる手立てがたくさんあることも発見できるはずです。

本書によって、あなたが「消耗疲れ」の場から降り、これまでよりものびのびと心地よい日々を送ることができますように。

では、お話しを始めましょう。

「一見、いい人」が一番ヤバイ ◎目次

第1章 あなたのエネルギーを奪うエナジーバンパイア

第2章 そのざわざわ感は、感情の「悲鳴」です

第3章

苦しいのは、「消耗・警戒・自己嫌悪」がループするから

もくじ

第4章

エナジーバンパイアから身を守れ！「一見、いい人」パターン別処方箋12

もくじ

第5章

「一見、いい人」に振り回されないための5つの自分ケア

第1章

あなたのエネルギーを奪うエナジーバンパイア

「一見、いい人」はあなたの何を奪うのか。

第1章のこのタイトルをご覧になっても、意味するところがよくわからない、と思われる方も多いはずです。

本書を手にとったあなたは、「一見、いい人」と接することで、イライラしたり、ザワザワしたり、くたびれてしまうことに苦しさを感じているはずです。実は、**その感覚は、無視してはいけない、とても大切な気づき**です。

なぜならその感覚は、あなたが今、エネルギーを消耗している、という事実を全力で伝えてくれているからです。

「一見、いい人」になぜ、あなたは疲れてしまうのかをお話しする前に、ぜひ理解してほしいことがあります。

それは、あなたのエネルギーレベルについてです。

エネルギーは、あなたという車を動かすガソリンのようなもの。食べたり眠ったり動いたり、考えたり、対話したり、すべての生命活動に関わるものなのに、私たちはあまりエネルギーについて自覚をしていません。

エネルギーとは、私たちが生き抜くために必要とする力のこと、と言いかえることもできます。朝起きてから眠るまでに活動する原動力となるのはもちろん、物事を選択したり判断したり、モチベーションを高めるためにも不可欠です。特に、ストレスフルで、複雑な人間関係の中で日々生きているあなたにとっては、「人間関係のトラブルに対処し、切り抜ける力」、「苦しい出来事が起こっても復活する力」のもとにもなっています。

このエネルギーを補給するのに一番大切なのが睡眠です。しかし、**エネルギーが消耗され、減ってくると、眠るためのスイッチを入れる体力も落ちて、眠りが浅くなったり、眠っているはずなのに疲れがとれなくなったりしてきます。**

このエネルギー量は、人間関係がうまくいかなくてストレスがたまったり、ハードワークや寝不足が続くと、どんどん失われていきます。また、女性の場合、妊娠期や産後、更年期、毎月の月経リズムなどのホルモンの上下動によっても消耗が大きくなります。

このようにエネルギーは、毎日たえず消耗されていて、状況に応じてさらに消耗し、その結果、私たちのメンタルにも非常に大きな影響を与えているものなのです。

気がつかず、逃げ遅れる

さて、人間づきあいのなかで、エネルギーを吸い取る人、というと、「サイコパス」的な人が浮かぶと思いませんか。

サイコパスとは、一見すると才能豊かで魅力的に見える人物であるものの、良心の呵責《かしゃく》を感じることなく平気で嘘をつき、簡単に人を欺《あざむ》く、そんな人物のこと。人をコントロールし、利用することに長《た》け、ときには冷酷な判断も下すサイコパス気質《かたぎ》の人は、政治家や経営者など組織を束《たば》ねる人、命を救う判断を瞬時に下さなくてはならない外科医などに多く、世の中を大きく動かした歴史上の人物にも多かったという説もあります。

サイコパスの人のターゲットとなり、コントロールされる側になってしまうと、つねに振り回され、エネルギーを消耗していきます。サイコパス気質の人とつきあうのはなかなか大変そうではありますが、良くも悪くも、その言動や行動は目につきやすい。だから、「あの人はヤバそう。あまり近づかないようにしておこう」とあらかじめこちら側から予防策をとることができます。

では、「一見、いい人」の場合、どうでしょう。

サイコパスのような、あからさまに「困った」「怖い」印象はまったくありません。ごく普通の人です。それが厄介《やっかい》な理由なのです。

見た目や雰囲気は文字通り「一見、いい人」であるため、よくつきあってみないと、自分を消耗させる人だとは察知できません。一緒に過ごしているうちにじわじわとあなたのエネルギーを吸い取りますが、自覚しにくいぶん、逃げる手段をとりにくい。つまり、逃げ足が遅くなってしまうのです。

重症化しやすい「低温やけど」

「一見、いい人」から逃げ損ねて、じわじわとダメージを受けているのに気づかない。この状態は「低温やけど」と似ています。

やけどは、「浅いやけどほど痛みなどの自覚症状が強く、深くなるに従い痛みに気づきにくく、重症化しやすい」という法則があります。

いわゆる、サイコパスのような「分かりやすい変人」の場合、触れたらすぐに「あちっ！」と気づくので、手を引っ込めればひどいやけどにはなりません。すぐ冷やすことができるので、傷も治りやすい。

いっぽう、湯たんぽやカイロのように比較的低温のものは、ほどよいぬくもりがあります。**「一見、いい人」は、このように、表面的には「あったか〜い」と**

いう心地よさがあります。その心地よさとは、「好かれている」「この人となら成長できそう」「私が守ってあげなければ」というような、あなた自身の快感、願望と結びついています。

ぬくもりがあるためにすぐには離れがたく、知らないうちに皮膚の深層にまでやけどをする「低温やけど」と同じように、「一見、いい人」はあなたのエネルギーを奪っていきます。低温やけどは、組織の奥まで破壊されるので、回復にも長い時間を要します。今、「一見、いい人」に悩んでいるあなた自身も、「自分が受けているダメージは、自分が思っているより大きいのだな」と自覚をしてほしいのです。

自殺願望はエネルギー低下によるもの

冒頭で「一見、いい人」は、あなたのエネルギーを奪う、とお話ししました。

カウンセリングを行なっていると、つくづく、「**人というものは、悩みごとで悩むのではなく、エネルギー低下によって悩んでいるなぁ**」と考えさせられます。

本当は、悩みごとそのものにアプローチするよりも、まず、エネルギーを回復させることを最優先にすべき。そのほうが、いろいろなことが無理なく、うまく回るようになるのです。

ところが、疲れ切ってしまうほど、人は頑固《がんこ》になり、「疲れていません！」と、疲れを認めない傾向にあります。

ですから、私の仕事はクライアントをいかに休ませるか（体も、心も）に集中することになります。クライアントが腹をくくり、きちんと心身を休ませることができ、エネルギーを取り戻したときにはじめて、「エネルギー回復ってこんなに大切なことだったんですね」とおっしゃいます。

エネルギーが枯渇《こかつ》した状態が「うつ」状態です。うつ状態になると、食欲がなくなり、行動する意欲もなくなる。眠れなくなるからよけいに疲れる。ふだん当たり前にできていたことができなくなる、大変苦しい状態です。

自殺願望が出てしまうのも、エネルギーが底をついてしまうからです。涙が止まらなくなるほど感情を抑制《よくせい》できなくなったり、感情そのものが出てこなくなったりします。こうなると、「うつ病」という診断名がつきます。

エネルギーがどのぐらい自分の中に満たされているかどうかは、ガソリンの燃料ランプのように目で見ることはできません。自覚しないうちに、どんどんエネルギーは失われていきます。

「イライラする」「不安」「焦《あせ》る」といった感情は、その感情そのものもエネルギーを奪いますが、その感情にフタをしようとすることで、ますますエネルギーが消耗されます。**フタをするのにも、エネルギーが必要**なのです。

「一見、いい人」に悩んでいる人は、「この人が嫌い」という負の感情による消耗と「この人を嫌ってはいけない。いい人なのに」という、**感情にフタをしようとする葛藤によってもダブルで消耗します。この「消耗疲れ」が苦しいのです。**

うつ状態だと極端になる

「一見、いい人に疲れる」というとき、あなたの心で何が起こっているか。人間には、相手を「いい人」「悪い人」と二分化して考えたがる、という現象がある、ということもお伝えしておきましょう。

目の前にいる相手が、「いい人」か、それとも自分に危害を及ぼす可能性のある「悪い人」かを、誰もが無意識のうちに判断しています。それは、自然なこと。

しかし、注意したいのは、人はエネルギーを消耗して疲れてくると、ものごとを「二分化」したくなります。これを心理学では「白黒思考」と呼びます。

元気なときは、多少の負荷がかかっても、問題を切り分けたり、「嫌な相手にもいいところはある」などと柔軟な思考をすることができます。

しかし、エネルギーが減った状態では、行動するのも面倒。思考するのも億劫《おっくう》になってきます。このようなときに、あいまいな、どっちつかずの状態でいることはとても負担。ものごとを白か黒か、と極端にとらえたくなる考え方が「白黒思考」です。白か、黒か、と二分化すると、ものごとが一見、シンプルに見えるからです。

中途半端な状態は「よく吟味《ぎんみ》しないといけない」ぶん、エネルギーを消耗する。なけなしのエネルギーなのに、相手のことが頭に思い浮かぶたびに「吟味する」のは、とても苦しい。そこで、「この人はいい人」「この人は悪い人」と分けてしまえば、それ以上考えなくていい。

うつになると、「会社を辞める」「離婚する」と極端な選択をしてしまいやすいのは、その人が中途半端な状態に耐えられないのです。

とはいえ、人間というものは、たとえ「いい人」だとあなたが思っても、100%いい部分だけ、というのはあり得ない。現実では「部分的に困った部分」を必ず抱えているものです。それが人間らしさです。

「どんなことも程度問題です」というのは、私が、カウンセリングや講義などでも口癖のように繰り返しているフレーズですが、その「程度」を無視して、「いいか悪いか論争」をしたくなるのは、あなたが疲れているからかもしれません。

私が「人というものは、悩みごとで悩むのではなく、エネルギー低下によって悩んでいる」と考えるのはこのためです。

まず、**エネルギーを回復することによって、あなたが敵だと思っている相手の「悪い点」も、「まあ、人間だからな」とか「相手も疲れているんだろう」と許容できる**ようになる可能性もあります。

しかしそれは、あなた自身がエネルギーを回復できてはじめて、見えてくる視点です。

エネルギー回復のために行ないたい「休み方」については、第5章でじっくりとお伝えしましょう。

長所と短所は表裏一体

ここで、あなたを惑《まど》わせる「一見、いい人」とはどんな人なのか、あらためて考えてみましょう。

とりたてて悪いところはなさそうなのに、なぜかあなたのエネルギーを消耗させる「一見、いい人」。人それぞれ、その定義は異なりますが、まずはあなたにとっての「いい人」とはどんな人なのかを書き出してみましょう。

あなたにとって「いい人」とは？　リストアップしてみよう

【例】

面倒見がいい　親しみやすい　穏やかである

頼まれごとを断らない　努力を厭《いと》わない　□うるさくない

頭が良い　才能豊かである

こうやってリストに挙げてみると、リストにあてはまるような人物に、悪人などいなさそうに思えてきますね。

また、このリストにあるような魅力に惹《ひ》きつけられて、「この人ともっと仲良くなりたい!」「この人となら、一緒に仕事をがんばれそう!」と感じるのも、自然な成りゆきといえるでしょう。

しかし、人間はそんなに単純にはできていません。

最初は「いい人」に思えていたその「長所」から、じわじわと、あなたを消耗させる側面が現れてきたとしたら、どうでしょう。

長所を一つひとつ、ひっくり返してみましょう。

「面倒見がいい」も、過剰になると、束縛感を抱き、負担になりはじめる。「いつも穏やか」でも、その裏で何を考えているかよくわからない人もいます。「仕事を頼まれたら断らない」かわりに、実際の作業をみるとミスが多くて結局あなたの負担が増えている、ということはないでしょうか。

「努力家」であるゆえに仕事を一人で抱え込み、あるときに突然キレる。そんな相手にあなたは振り回されているかもしれない。「口うるさくない」けれど、こちらに何のアドバイスもないし、方向性も示してくれないために、なんだかんだ、やり直し作業をさせられていませんか。「才能豊か」ではあるけれど、気まぐれや思いつきで周囲を振り回すあの人。実はもう、周囲は疲れ切っている——。

どうでしょうか。いずれも、あなたの「エネルギー」を消耗させる側面ではありませんか。あなたは相手のそこに、うっすらと「嫌《いや》さ」を感じているのです。

人は、社会に出るときには必ず何らかのペルソナ（外向きの人格）を身にまとうものです。つまり、**誰もが最初は、相手に良いところを見せようとして、〝お化粧〟をしている。**しかし、徐々《じょじょ》に相手との距離が近くなってくると、化粧を落とした素顔を見せるようになる。化粧した顔と素顔のギャップが大きいと、その衝撃も大きくなります。

第一印象が良すぎて「ギャップ」が大きい

最初に惹きつけられた「いい人要素」の印象が強烈だと、現実に見えてくる素顔とのギャップが大きく、あなたの葛藤が大きくなります。

もともと第一印象が「ほどほど」だった場合は、相手への期待もさほど大きくなりません。欠点が見えてきても「まあ、そんなもんだ。もともと期待していなかったし」と許容できるでしょう。

しかし、第一印象が良すぎると、こちらの期待値も最大限に高くなっています。「素敵な人見つけた！」と思っているぶん、現実を知ったときの戸惑いも大きくなります。

恋愛関係でも、最初は「この人、素敵」と思うと、最初のうちはいいところばかりにスポットライトを当てます。そのまぶしさゆえに、よくない部分がたとえちらっと見えたとしても、曲解《きょっかい》して見えなかったことにする。恋愛だけでなく、職場でも、実際にその関係性や環境に慣れてはじめて「こんなはずじゃなかった！」という部分が見えてくるのは、誰もが経験のあることのはず。そうやって「惚《ほ》れさせる」側面が大きいのが、「一見、いい人」の特徴なのです。

余談ですが、ある人に対する「いい人」という認識が瞬時に「悪い人」に変わり、相手を強烈に責め始めるのが「境界性パーソナリティ障害」という精神疾患です。

特定の人に「私の理想の人がいた」と近づきます。しかし、あるとき、自分の思ったような人ではない、と認識したとたん、「あの人はこんなにひどい」と相手を責めたり周囲に吹聴《ふいちょう》して回る。**境界性パーソナリティ障害の人も、自らを「一見、いい人」に飾る能力が高いため、つきあう相手は事前に察知することは不可能です。**理想の人、とあがめられたかと思えば、最低の人と非難される。振り回されて大変疲れますが、境界性パーソナリティ障害の本人も「理想の人」を探しつづけては落胆《らくたん》し、繰り返し消耗することによって、たいていはうつ状態になっています。

周囲に被害を共感してもらいにくい

話を戻しましょう。

人は、程度の差こそあれ、環境をともにする相手の理想と現実にギャップがあることに気づくと、相手をなんとかして変えて、ラクになりたいと思います。

ところが相手の性格は、一晩でできあがったものではありません。出会った人や環境のなかでしぶとく生き抜くために、それぞれ「生き方」を必死で作ってきたのです。その性格は強固《きょうこ》。しかし、あなたはその性格を変えたいと思い続け、いろいろな策《さく》を練っては空回りし、振り回される。そのときに、あなたはエネルギーをどんどん消耗します。

すると、だんだん、自分を消耗させる相手のことが憎《にく》らしくなってくる。嫌い、憎らしい、と思ったときにラクになるには、第三者に「共感してもらうこと」が効果的です。

しかし、相手は「一見、いい人」ですから、周囲に「いい人イメージ」が定着している。「あの人が嫌い！」と大声で言いたくても、理解してくれる人がいない。たとえ言ったとしても、「そう？　いい人だと思うけどな」と共感してもらえません。すると、あなたの苦しみは、行き場をなくしてしまいます。

むしろ、**みんなから好かれている人の悪口を言ってしまったことで、自分の居場所がなくなるかもしれない**、という恐れすら抱くようになります。

「一見、いい人」が有能な場合も疲れる

あなたが悩まされている「一見、いい人」が能力がとても高い人の場合、「比較」による疲れも起こっています。

人間は、どんな時でも、必ず「自己評価」をしています。

たとえば、仕事先で、「業績悪化の打開策のアイデアについて一人ずつ発表する」

という課題が与えられたとしましょう。

あなたは、「自分にできるだろうか」と不安を感じる。このとき私たちは無意識のうちに、「不安を感じている自分はダメだ」とか「きっとある程度のアイデアは出せるはず」といった「自己評価」を行なっています。自己評価をするためには、基準となる「比較対象」が必要になります。

比較対象となる同僚が「面倒だよねー。ああ、週末の会議が憂《ゆう》うつだ」と愚痴を言い合えるような人だと、あなたは「困っているのは自分だけではないんだな。まあ、なんとかなるかな」と楽観的になるでしょう。

しかし、能力が高くて弱音を一切吐《は》かない「いい人系」が比較対象だと、どうでしょう。とたんにハードルが高くなり、「この人に比べて、愚痴ばかり言う私は……」と、自己評価が下がります。**あの人は苦も無く課題に取り組んでいるのに、それに比べて自分はダメだ、と思うようになるのです。**

人にはそれぞれ、自分のリズムがあります。そして、組織で働いたり、人づきあいをするときには、無意識のうちに、周囲と自分のリズムを合わせようとしています。

併走《へいそう》相手がいわゆる「デキる、いい人」だと、気づかないうちにあなたはオーバーペースになっているかもしれません。

それに気づかず、ハイペースで走り続けると、どんどんエネルギーを失い、疲労を深めてしまいます。すると、あんなにやりがいを感じていた仕事に、意欲や興味を感じなくなったり、自分のペースで突っ走る「いい人」のことを疎《うと》ましく、憎らしく思うようになります。

デキる上司や優秀な親を苦しく感じるのは、このメカニズムによるもの。「働き者ばかりでポジティブな雰囲気にあふれた職場」で、このように人知れず疲労を深めている人は、たくさんいます。

あなたが感じているのは「警戒疲れ」

いい人のような顔をしているけれど、なにか見返りを要求されているような気がする。いい人のように見えるけれど、何か後ろ手に私を攻撃する武器を隠しているのではないか、という不安がある。いい人のように見えるけれど、一緒にいると自分がとことんダメな気がしてくる。いずれも、苦しい状況です。

あなたが何らかの「嫌な感じ」を察知しているのなら、その感覚を無理に押し殺さないことが大切です。なぜなら、その「嫌な感じ」は、自分を守ろうとする警戒センサーの働きによるものだから。

いくら頭で「あの人はいい人だから……」と言いきかせても、**あなたは無意識のうちに常に相手に警戒心を抱いているのです。**

「一見、いい人」に疲れるのは、あなたの心が消耗しているから。また、警戒疲れをしているから。さらには、「いい人なのに嫌いになっている」自分を責めているから。

第2章では、あなたが「一見、いい人」を前にしたときに、心や体がどのように反応しているのかを具体的に見ていきましょう。

なぜなら、「一見、いい」人への対策を考える前に、自分に何が起こっているのか、自分をどうケアすればいいのかをまず考えたいからです。「一見、いい人」にどう対処していくかは、その次に考えていきましょう。

第2章

そのざわざわ感は、感情の「悲鳴」です

人間は、きわめて動物的である

「一見、いい人」に悩んでいる。でも、すぐに離れるのは難しい。そんなふうに葛藤するあなたは、すでに低温やけどのような深いダメージを受けている状態かもしれません。

受けた傷を回復し、再びダメージを受けないようにするためには、「なぜ傷ついてしまったか」を客観的に知ることが必要です。

ここ第2章では、あなたがなぜ、どのように「一見、いい人」からダメージを受けてしまうのかについて、そのメカニズムを見ていきましょう。

第1章では、「一見、いい人」はあなたから知らず知らずのうちにエネルギーを奪い、消耗させている、という状況をお話ししました。

私は、カウンセリングの際にいろいろな人の人生に接しています。かつて所属していた自衛隊では、ＰＫＯに行ったり、震災や災害に遭遇《そうぐう》するという非常に厳しい状況で人がどうなってしまうのか、ということをつぶさに見てきました。

その結果、知ったのは「人間はきわめて動物的である」ということでした。疲れ（＝エネルギーの損失）次第で、**機嫌も変わるし、意見だってころころ変わるのが人間**です。人間の心は決して一貫しているわけでなく、たえず、遭遇する出来事やコンディションによって揺《ゆ》れ動いているのです。

私がよくカウンセリングでお伝えしているのは、「人間が原始人だったころに立ち返ってみる」というやり方です。原始人だった頃に立ち返ると、「常識ではこうだ」「自分はこう対処しなければ」「普通はこうあらねばならない」というふうに理屈でとらえがちな要素が削《そ》ぎおとされ、人間の心をよりシンプルにとらえやすくなるのです。

困った感情は、身を守るためにある

私が「人の心を原始人モードでとらえる」ようになったのは、自衛隊時代にはじめて、心理教官となったときでした。心理学に関する数多くの資料を読む中で、ハンス・セリエという生理学者の「ストレス学説」に出会いました。

ハンス・セリエは、「私たちのストレス反応は、自分にとって有害な外部刺激に対する正常な反応として起こるものである。**ストレス反応があるからこそ、私たちは命を維持していくことができる**」と述べています。

私たちが苦手としがちな「怒り」や「恐怖」という感情もまた、真っ当な反応であり、こういった感情が心にわきあがるのと同時に、体でも心拍や血圧が上がり、筋肉は緊張度を高めます。これも、外敵と戦い命を守るための原始的な自己防衛本能だ、というのがセリエの考えです。

人間の心身の根本的なメカニズムとして、「すべてはその人自身を守るために起こっている」という立ち位置に身を置くと、ストレス時の反応を素直に受け止めやすくなり、納得できる、と私は思ったのです。

現代社会に生きる私たちは、つい頭でっかちになり、自分が「生き物である」ことを忘れてしまいがちです。しかし、本質は太古の昔から変わらず、種《しゅ》を存続させるためにエネルギーを確保し、外敵から身を守ろうとする本能を強く持っています。

疲れたときにイライラや不安に襲われるのは、エネルギー欠乏のサイン。本能の感覚のなせるわざで、大切な反応です。

原始人にとって「他人」は、猛獣《もうじゅう》と並んで「自分を殺すかもしれない」警戒すべき対象です。ですから、違和感を抱く相手に対してつねに神経をとがらせ、警戒スイッチが入る。孤独だと、仲間から守ってもらえる確率が低くなるので、人は誰かといっしょにいたいと感じます。苦しい気持ちを誰かに話して、わかってもらおうとするのは、それによって守られる「味方」が増える可能性があるからです。

人と自分とを比較し、「勝ちたい」と思うのは、集団のなかで評価され、立場が強い存在でいるほど、食料の分け前を多くもらうことができる、つまり生き抜く確率が高くなるからなのです。

その症状はエネルギー低下の危険信号かも

「一見、いい人」に消耗しているとき、体や心にはどんな変化が起こるのでしょうか。原始人モードで想像してみましょう。

原始人が消耗すると、力が出なくなります。すると外敵にも襲われやすくなるのです。いつやってくるかわからない外敵から身を守るために、次のような反応が起こります。思いあたることは、ないでしょうか。

●体が緊張する

敵の攻撃からいつでも身を守れるようにするため。たとえば、苦手な人が右隣の席にいると、右側の肩や背中だけが緊張から、痛くなったり筋肉痛のようになることがあります。

●考え方がネガティブになる

身の回りの出来事から、ネガティブな情報ばかり拾いあげるようになります。不安要素があればいち早く知っておく必要があるからです。

苦手な人がこちらを見ただけで「また私を責《せ》めようとしている」「なにか指摘しようとしてチェックしている」と思い込み、被害妄想《もうそう》的になり、その人の声や気配にも敏感に反応するようになります。敵の攻撃から身を守るためです。

●そわそわ落ち着かず、焦る

焦るのは、「この危機を脱するための対策を講《こう》じないと、死んでしまう、死んでしまう」という原始人的な不安感のためです。

●ささいなことで怒りっぽくなる

猛獣に狙《ねら》われやすいリスクを察知し、攻撃されたらすぐに反撃できるよう、臨《りん》戦《せん》態勢を作るので、イライラしやすくなります。ささいなことにかちんときて、相手にくってかかることも。「威嚇《いかく》」することによって敵を遠ざけようとする働きです。

●食欲が低下する

少しの食料で生き延《の》びなければならないので、食欲も最小限に。あまり食べたくなくなります。

●眠れなくなる

夜は弱っている原始人にとって、一番危険な時間帯です。暗くなると神経をとがらせるようになり、不眠気味になります。小さな物音にも敏感に反応し、眠りが浅くなります。

●引きこもる

外敵に会う確率を低くするためには、引きこもるのが一番。なぜか会社に行きたくない、あの人に会うのが憂うつ、と、出不精《でぶしょう》になります。

疲れてエネルギーを失ったときに出てくるこのような心身の状態は、当人にとっては「なんでこんなことに？」と戸惑《とまど》うようなものばかりでしょう。

しかし、すべては、エネルギーが低下したあなた自身を守るために起こっている、生命維持のための仕組みだとわかると、受け止められるようになります。

感情にはそれぞれ「目的」がある

心と体は別々ではなく、いつも強くつながっています。

感情は、あなたを脅かすような出来事が起こると、すぐに特定の行動を効率的に行なえるように、と、体と心を一瞬のうちに「準備態勢」にします。

たとえば、恐怖という感情は、猛獣に襲われそうになったときに発動します。猛獣の姿を見れば、何をおいても逃げるという行動に出ます。

姿が見えなくなっても、また現《あらわ》れるかもしれないと思い、少しの物音や気配に敏感になります。頭の中では、猛獣が襲ってくるイメージが繰り返し浮かびます。

「簡単に安心してはならない」と思い、岩や木など、どんなものも怖いものに見

それぞれの感情の目的

驚き	状況の変化に対応し、準備を始めなさい
怒り	敵に反撃し、威嚇をしなさい
恐怖	その場から逃げなさい
不安	将来の危険を予測し、行動を起こしなさい
後悔	過去の行動を反省し、 今なんらかの対策を講じなさい
悲しみ	傷ついた状態だから、引きこもりなさい
恋愛	性行為をして子孫を残しなさい
無力感	対象のものから距離を置きなさい
あきらめ	次の課題に向かいなさい
喜び	安全、生命の維持情報を分かち合いなさい
ねたみ	自分の取り分をなんとしても確保しなさい

えてしまいます。

恐怖以外の感情も、すべてそれぞれの目的を持っていて、さまざまな状況に対してあれこれ考えず瞬時に対応できるよう、「気持ち＋体の反応」をセットで準備します。私たちの心と体には、こういった仕組みが標準搭載《とうさい》されているのです。

現代では感情が「過剰反応」しやすくなる

感情のプログラムは、原始人が生きるか死ぬかという「命に関わる危機」を乗り越えるために身につけたもの、ということがおわかりいただけたでしょうか。

しかし、現代ではこのプログラムが敏感に作動し過ぎることが問題になっています。猛獣もいないし、食料だって手に入るし、安全な環境が確保されているのに、「小さな危険」に対して命がけレベルで感情が発動し、アラートを発してしまうのです。

たとえば、あなたの苦手なタイプの上司がいたとします。あなたがその上司を**「敵認定」していると、その人に少し注意されただけで、恐怖スイッチが入ります**。上司が咳払《せきばら》いをしただけで、「なにか言われるかも」と身構《みがま》えます。家に帰っても上司の声や顔が忘れられず、繰り返し夢にまで見るかもしれません。上司の姿をちらっと見ただけで、足がすくんでしまうことも。これはどう考えても「過剰反応」です。

しかも、このような「感情の過剰反応」が起こっていると、あなたの大切なエネルギーはどんどん消費されます。結果、消耗することによる「消耗苦（詳細は第3章）」を引き起こしてしまうのです。

ここで、実験です。「怒り」の感情をご自身の体を使って再現してみましょう。肩をいからせ、こぶしをぎゅっと握《にぎ》りしめ、歯をぐーっと食いしばる。呼吸を浅くする。これを**3分間続けるだけでも、疲れると思いませんか。これを長時間続ければ当然、心身は相当なダメージを受けているはず**です。このように、怒りは無意識のうちに人を消耗させているのです。

「不安」の場合も、「もしもこうなったら」という最悪の事態をシミュレーションし続ける思考が延々《えんえん》と続くので、エネルギー消耗が激しくなります。

では、「喜び」ならば疲れないのかというと、実はそうでもないのです。「喜び」は、原始人モードで考えると、「周囲に安全や食料、水などの存在を知らせるために発動する感情」。笑ったり、大声をあげたり、ジャンプしたりして、心拍も上がります。これはこれで結果的に、エネルギーを消耗します。ですので、残念ながら「喜び」という感情も長続きはしないのです。

「複数のアプリ」が起動してじわじわ消費

最新の脳科学のデータによると、人の脳は、2キロほどの重さしかないのに、体が消費するすべてのエネルギーの20パーセントを使用しているそうです。

この20パーセントのうち、60〜80パーセントは、脳が意識的な活動をしていない安静時に働く「デフォルト・モード・ネットワーク」という脳の回路に使われています。デフォルト・モード・ネットワークとは、コンピュータでいえば、OSやウイルス対策ソフトのようなもの。アプリをなにひとつ起動していなくても、それだけ大きなエネルギーを脳は消費するのです。

ましてや、つねに特定の人に対してひそかにイライラや不安を感じている状態は、いわば、複数のアプリが立ち上がり、フル稼働《かどう》しているようなもの。スマホなら熱くなっている状態です。

感情は、目には見えないため、意識から消えているようでも、こうやってじわじわとエネルギーを消費しているのです。

そうはいっても命を守るために人間に刻まれた大切な仕組みです。貴重なエネルギーを消費してしまうのも、認めざるを得《え》ない面もあります。

しかし、私たちの日常ではこのような仕組みが過剰発動してしまうことが多い、ということをぜひ知っておきましょう。

「一見、いい人」に接するということは、怒りや恐怖、不安などさまざまな感情が必要以上にかきたてられ、刺激されているということ。

だから、あなたは、ぐったりと疲れてしまうのです。

現代では「人間関係」が最もエネルギーを食う

実は、原始人モードで考えると、私たちは「エネルギーを使うことを強烈に苦痛に感じる」ようにできています。エネルギーが減ることは生命危機に直結するから、極力、無駄遣いをしたくない。さまざまな感情の中でも、さしせまった危険に対応するための感情――「恐怖・怒り・悲しみ・不安・ねたみ・自己嫌悪・罪悪感」などは、大変大きなエネルギーを使う感情です。ですから、私たちは本能的にそんな感情が「嫌」ですし、「避けたい」と思います。

「でも、原始人、原始人っていうけど、原始時代と今とでは環境も生活の仕方も変わっている。さほど感情からエネルギーを奪われていないのでは？」と思われるかもしれません。いえいえ、現代では感情のエネルギー消費がむしろ高まっているのです。

原始人を脅かしていたリスクを、5つ挙げてみましょう。

1 水、食料の不足

2 自然災害

3 猛獣や毒蛇などの外敵

4 病気、ケガ

5 人間

これらのうち、1〜3までは、現代の日本ではかなり少なくなりました（地震などの自然災害は相変わらず起こるものの、つねにびくびくしているわけではありません）。4についても、医療の発達によって、リスクはずいぶん減ったといえます。1から4までの危険が減ってきた。その分、相対的に、リスクが高まったのが5の「人間」です。現代人は、人間（近くにいる警戒すべき相手）に対して感情を大きくかき立てられやすくなっている、と私はとらえています。

理性があれば感情をほどよくコントロールできるはず、と思いますか。しかし、感情はその「勢いの強さ」からいって理性よりも段違いのパワーを発揮します。

そして、ひとたびあふれ出すとなかなか止まりにくい「しつこさ」も備えているのです。

頭のなかで理性（長期的視野）と感情（短期的視野）が対立

63ページの図のように、理性と感情は、そもそも、ものごとのとらえ方がまったく異なります。

たとえば、「この人といい関係を持ちたい」というテーマが与えられたとしましょう。理性目線で考えると、「自分より目上の人」「自分を責めるわけではない、むしろ協力的」「周囲からの評判も良い」というふうに、客観的事実を積み上げた総合的な見方が生まれます。

いっぽう、感情目線が見るのは、「すぐ、そば」のもの。命を守るというミッションを遂行するため、どんなリスクも見落とすまいと、すみずみまで照らし出すように目を凝《こ》らします。「安心するな、信用できないかもしれない」「あのとき、あんな発言をした」「自分を見下すような目をした」と、通常は見落としそうなリスクまで拾《ひろ》い上げようとします。

長期的視野を持つ理性に対して、感情には、短期的視野しかありません。

「今、安全か」「目の前にある食料を食べられるか」に全力で集中します。未来を安易《あんい》に信用すると、命を落とす可能性があるからです。ここ数日間の命を担保《たんぽ》され、ここ数日間はごはんが食べられる、という状況をつなぎにつないできたのが、太古の時代における「人間が生きる」ということだったのです。

感情に対して理性は、畳《たた》み掛けるように反論をしてきます。

「怒り」に対しては、「怒ったってどうしようもないじゃない」

「悲しみ」には、「起こってしまった結果は変わらないんだから、忘れなよ」

「不安」には、「考えてもきりがない。考えるだけ、無駄だよ」

「恐怖」には、「怖がりすぎ。殺されるわけじゃないんだから」というふうに。

理性は、このようにして感情を説得しようとしますが、感情は納得できません。

ざわざわして疲れているあなたの頭の中では、こんな対立が起こっているのです。

●現代人にとっての感情・理性 〜それぞれが得意とする分野〜

理性

通常はこちらが
支配している

長期的視野、社会との関係、客観的確率、今すべき課題などを見つめて「総合的利益」を見通すのが得意！

感情

重要度、思考の方向性を
最終的に握っている

短期的視野、相手との関係、近くにいる人の意見、将来と過去を見つめ、「一つの利益」に命がけで集中させるのが得意！

自分の感情の言い分に耳を傾けよう

感情と理性の仕組みを踏《ふ》まえて、あらためて「一見、いい人」について考えてみましょう。「なんだか嫌」という、うっすらとした嫌悪感をかきたてられているあなた。それは、わかりやすい感情ではありませんが「一見、いい人」によって、うっすら、じわじわとエネルギーが蝕まれていることを感情が教えてくれているのです。

ところが、理性は感情を抑えようと説得をしてきます。

「あの人は、いい人だよ」

「なんの敵意もないことはわかっているじゃない？」

「特にひどいことを言われたわけじゃないでしょう？」

――しかし、感情は「危ない、危ない」とアラートを鳴らし続ける。これが、「一見、いい人」からあなたが感じる「ざわざわ感」の正体です。

頭で理解していることと、自分の感じ方が違っているのです。

だからこそ、まず手をつけたいのは、これまで邪険《じゃけん》にしてしまってきた、感情の言い分をしっかり聞くこと。そうすれば、「自分は十分につらい思いをしていた。相手が悪い人じゃないとしても、実際に被害があるんだから離れていい。逃げていい」と、必要なときに適切な判断ができるようになります。

理性が説《と》き伏せようとするときの感情について、こんなふうにイメージするとよりわかりやすいかもしれません。

あなたが家族の中で一人だけ、危険に関するある情報を握《にぎ》っていたとしましょう。それを伝えたいけれど誰も耳を貸してくれない。あなたが発言しようとすると、笑われたり、無視されたり、口をふさがれたりします。しかし、危険は現実にそこにある。発言を封じられようとするほど大声で言いたくなります。

「ほんとうに危ないんだよ！　わかって！」

「一見、いい人」にじわじわエネルギーをむしばまれているあなたを知っている**感情は、「今すぐ、あの人から逃げて！」と言っています。**

感情を押し殺そうとすると、フタをするためにもエネルギーが消費される。ますます感情は勢いを強め、イライラや不安感は強まります。そこには、この先でお話しする「消耗苦」（第3章）のメカニズムが関係しています。

まずは、「苦しい」という感情を認めましょう。その上で、理性と感情をバランス良く調和させ、現実の行動を選んでいくのです。その具体的手順については、第4章のそれぞれのケーススタディで、お伝えしていきます。

感情と仲良くなれる人こそ、大人

誰かと諍《いさか》いが起こったときに「そんなに感情的にならないで！」という言葉が発されますね。このように、感情はどうしても忌《い》み嫌われがちです。

私たちは「感情をコントロールしたい」と思います。感情を理性でコントロールしてこそ、立派な人間だ、という考えもあるでしょう。

しかし、私は少し違うと思うのです。

ほんとうの大人は、理性はいとも簡単に感情に負けてしまう、という現実を否定せずに受け入れ、その上で最善を尽くそうとする人ではないでしょうか。

「アンガーマネジメント」が注目されていますが、このメソッドを曲解して、「そもそも感情はコントロール可能なんだ」と、感情に対して上から目線になる人がいます。結局、「できないこと」を無理矢理に自分に課《か》すことになる。

日本人は、農耕民族で、天候不順の中で農作物を育て、集団の中で身を寄せ合い、助け合ってきた歴史があります。いっぽう、狩猟民族で、その日に狩りをした成果によって運命を左右される欧米人は、「なるようにしかならない」と考え、自分は自分、人は人、と切り分ける精神性を持っています。

そもそも、私たち日本人は、天候の変化を敏感に察知するために、不安がりでいるほうが生き抜くのに有利でした。また、集団で協力し合って農作物を育ててきたため、人との調和を大切にするメンタリティも強いのです。

がんばりやで、優秀な人ほど、西洋式のメンタルマネジメントをしてもうまくできない原因を自分に求めて、自信を失い、よけいに感情的になる、という悪循環に陥《おちい》るケースが多いと感じます。

感情をコントロールする、という前提は消してしまいましょう。むしろ、感情と仲良くなるのです。

あなたの感情を理解できるのは、この地球上であなたしかいません。この当たり前のことに、あらためて向き合ってみてほしいのです。

本書の解説をはじめ、日々いろいろなやり方を試行錯誤《さくご》してみることによって、「感情を尊重し、折り合いをつける」練習をしていきましょう。

第3章

苦しいのは、「消耗・警戒・自己嫌悪」がループするから

「一見、いい人」はあなたの3つの苦しみ疲れスイッチを押す

苦しみの「感情」は、あなた自身に危険信号を訴えていることをご理解いただけたところで、ここからは、「一見、いい人」に悩んでいるあなたが直面している苦しさの中身を見ていきましょう。

「一見、いい人」への苦しみの原因は、次の三つに大別されます。

①人格を変えてしまう「消耗苦」
②不安をかきたてる「警戒苦」
③自信を失わせる「自己嫌悪苦」

この三つの苦しみが繰り返しあなたを責め立てることで、あなたはエネルギーを吸い取られてしまっています。

それぞれのメカニズムがわかると、苦しさの意味がわかり、対処の仕方もわかってきます。

性格を変えるほどの負の力を持つ「消耗苦」

「一見、いい人」への苦しみ、一つ目は「消耗苦」です。

あなたの仕事の負担を増やしたり、振り回したり、イライラさせたりする「一見、いい人」は、怒りや不安といった感情をかきたてることによってエネルギーを吸い取ります。これが「消耗苦」です。

じつはこの「消耗苦」は、あなた自身の**そのときどきの疲労蓄積《ちくせき》状態によって大きくもなり、小さくもなる**、という特徴があります。

エネルギーの消耗は、73ページの図のように「第1段階」「第2段階」「第3段階」と段階的に深まっていきます。しかし、人は疲労が知らないうちにどんどん蓄積していることを、なかなか自覚することができません。疲れていても、やらなくてはいけないことが山積《づ》み状態なのが現代人だからです。

「確かに今は大変ですが、別に無理しているというほどではありません。他の人だって同じようなストレスにさらされてもがんばっているし、無理をしているのは自分だけではありませんから……」

原因不明の不調や、やる気の低下に悩み、カウンセリングに訪れるクライアントが共通して口にする言葉です。

こうやって**がんばりやの人は、無意識のうちに「理性」で感情を封印し、疲れセンサーを鈍らせ、「消耗苦」を加速させていきます。**

ではこの「消耗苦」、どのように進行していくのでしょう。

●消耗苦はこのように悪化する

★あなたは今、どの状態？

エネルギーが低下すると……

ストレス負荷

○第１段階

日々の疲れを実感できる状態。あるいは、ハイ状態で元気な場合もある。「一見、いい人」にも特に違和感を抱かない。

○第２段階

疲労を感じやすくなり、体の症状も自覚し始める。「一見、いい人」にイライラ、ざわざわし始める。

○第３段階

心が明らかに変化する。「一見、いい人」に急にキレる場合も。あるいは、自分を責めて自信をなくすといった「別人モード」のあなたが現れ始める。

第1段階では、なんとか持ちこたえている

■第1段階
疲労=疲れるものの、回復できるレベル
「一見、いい人」には=接しても、特に気持ちはざわつかない

疲れは、回復しきらないとどんどん積み重なっていく、という特徴を持っています。

まだ健康なレベルにあるのが、第1段階の疲れ。誰にでもある、日常的な疲労を感じる段階です。仕事でトラブルがあったり、帰宅途中で電車が止まるなど、なんらかの予期せぬ出来事があったけれど、なんとか対処した。「ああ〜、今日は疲れた!」とひと晩《ばん》眠ればかなり回復できる、というのが第1段階です。

私たちは、なんらかのトラブルに遭遇して疲れを感じても、これまで蓄えてき

たエネルギーを少しずつ切り崩しながら復活し、持ちこたえています。

第1段階では、集中力ややる気もさほど落ちません。「一見、いい人」にイラッとさせられても、「まあ、いっか」と切り替えられるレベル。いい人の良い部分をしっかり感じられている状態です。トラブルが起こってもむしろ高揚《こうよう》感が高まり、「逆に元気にやれる」ということもあります。ただし、**回復しきらなかった疲労は、少しずつ蓄積していき、あるとき体調を崩《くず》すこともあります。また、年齢とともに睡眠が浅くなるため、回復力は徐々に衰《おとろ》えていきます。**

第2段階では、体の変調、行動の変化が起こる

■**第2段階**
疲労=疲労を2倍感じやすく、回復にも2倍、時間が必要になる
「一見、いい人」には=相手の言動がやたらと気になり、気持ちもざわつく

第1段階の疲労を回復しきらないままにしていると、第2段階に突入します。

第2段階では、**第1段階のときと同じトラブルが起こっても、いつもの2倍疲労を感じやすく、疲労回復にもいつもの2倍、時間がかかるようになる**という特徴があるため、私は、第2段階のことを「2倍モード」と呼んでいます。

特定のストレスにつねにさらされているあなたは、おそらく2倍モードに突入しているといっていいでしょう。

（※「第2段階」「2倍モード」というキーワードは本書で何度か登場し、あなた自身のセルフケアにも重要であることなので、ぜひ覚えておいてください）

ここで知っておきたいのは、第2段階では「体の不調」があらわれはじめるということ。理性よりも、「本能的な自分」が異変を訴えるために、無意識のうちに少しずつ変化が起こるのです。

ストレスから逃げるためにかかる「ブレーキ」

特定のストレスを感知したとき、人は段階的にブレーキをかけて「ストレス対象から逃げろ」というメッセージを発してきます。

まず、動物と同じように気配からなんとなく危険を感じる。「なんだかあの場に行きたくない」と、苦手な相手と会いそうなルートやタイミングを避けるようになります（**行動ブレーキ**）。

次に、相手に対して、なんとなく嫌なものを感知します。緊張も感じ、常に身構えた姿勢をとるようになるため、体ががちがちに。緊張による肩凝《こ》りや頭痛なども起こり始めます。この「なんか嫌」という感じから、相手に会いたくなくなり、避けたくなってきます（**人間関係ブレーキ**）。ただ、この段階はまだ無意識段階。なんとなく抱く違和感の原因が相手だとは気づいていません。

次に出てくるのが、意欲の低下、行動の変化。「仕事のやる気が起こらない」

「あの人のいる場に行きたくない」というふうに変化が起こります（**活動ブレーキ**）。ただ、ここもまだ無意識段階なので本人は「なんでそんなに疲れることもしてないのに、やる気が出なくなってしまったのだろう」と考えているのです。

それでもストレス源から離れずにいると、体は本気でブレーキをかけてきます。このときには、頭痛や胃痛、疲労感、吐き気、不眠などの明らかな不調症状が表われます（**体ブレーキ**）。

それまでは、理性が「大丈夫、悪い人ではないじゃないの？」「そのぐらいのことなら、我慢したほうが角《かど》が立たないんじゃない？」と説き伏せていたものの、感情がもう我慢できない、とばかりにブレーキをかけてくるのがこの段階。理性も、「あれ、これはおかしい。あの人が原因ではないか」と、ようやく考えるようになるのです。

それでもがんばり続けようとすると、怒り、不安、悲しみ、といった明確な精神的苦痛を感じます（**全力ブレーキ**）。このあたりで多くの人は、ストレス源から離れる対処をとれるはず。ただし、それでもがんばり続ける人が中にはいます。

●段階を追ってかかる6つのブレーキ

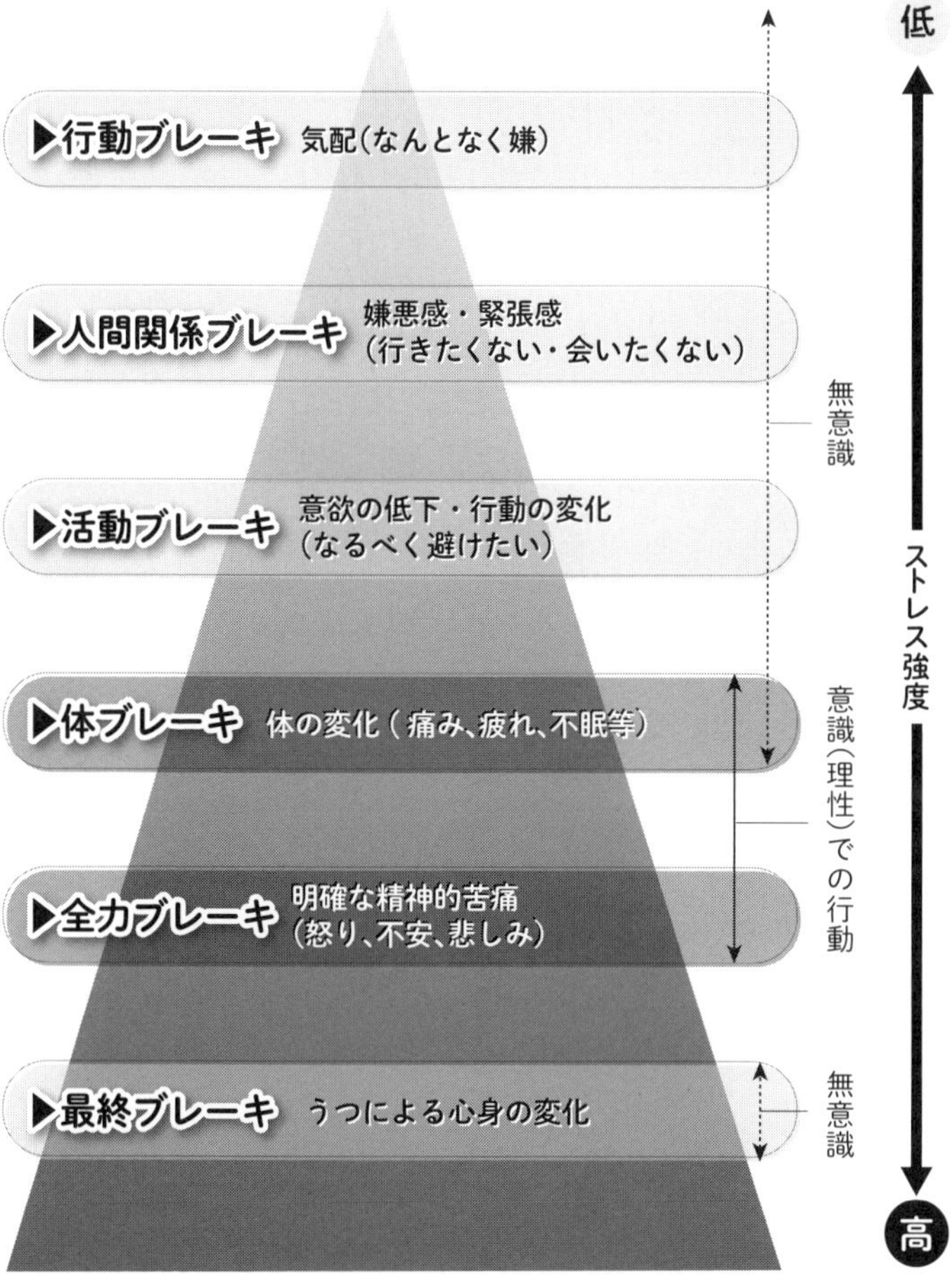

理性側の司令を弱めず、「でも、がんばらなきゃね」とその場で苦しみ続けると、次第にうつ状態になっていくのです（**最終ブレーキ**）。

第2段階は、79ページの図「段階を追ってかかる6つのブレーキ」のちょうど「活動ブレーキ」「体ブレーキ」が踏み込まれているあたりに位置します。

身体症状では、頭が痛い・重い、眼や肩、腰が痛くなる、吐き気がする、関節痛、めまい、耳鳴り、耳が詰まったような感じ、眠りが浅くなるといった症状が出てきます。

ただし、体の不調は、今すぐ病院へ！　というほどの緊急性はなく、なんとかがんばれば、仕事もできてしまう。「たぶん、ストレスのせいだ。仕事が一段落してから受診しよう」と放置してしまいがちです。

仕事面では、確認もれ、連絡もれなど多少のミスが出はじめますが、決定的な失敗はありません。**表面的にはいつもどおりできているために、本人はこの疲労の蓄積がじわじわと進行していることに気づきません。**

第2段階の疲れになると、それだけエネルギーが減っているので、しわ寄せは人間関係にも。「一見、いい人」との関係においても変化が表われます。些細《ささい》なことでキレるようになったり、そのあとの罪悪感も濃厚になります。

ここまで読んで、「以前に比べてこのような傾向が強くなった」と気づいたなら、第2段階に入っているサインです。本来は、この時点こそ、しっかりと心身のケアに注力するべきタイミングなのです。

周囲は「なにかおかしい」と感じ、本人に「無理しているんじゃない？」と聞くことも。しかし、当人は「そんなことはない！」と頑《かたく》なに否定することが多い。疲れている、という言葉を「パフォーマンスが落ちている」と解釈し、プライドが傷ついたように感じるのです。これも、第2段階の特徴です。

おそらく第1段階のときであれば「そうかな。最近忙しいからね。こまめに休むことにするね、ありがとう」と言えることでも、本人は認めたがらない。「頑固《がんこ》さ」が強くなった証《あかし》です。

第3段階では、別人のようになる

■第3段階
疲労＝疲労を3倍感じやすく、回復にも3倍時間が必要になる
「一見、いい人」には＝「別人化」が起こり、
相手ではなく自分を責めるようになる

第2段階の疲労を見逃してしまい、そのまま疲れを蓄積して第3段階に進むと、いよいよ心身に疲労の影響が色濃く表われてきます。

第3段階では、特に心の変化が大きくなります。いつもとは「感じ方」「考え方」が明らかに変わってくるのです。

「元気なときにはこんなふうに思わなかったのに」、と不思議に思うくらい、些

細なことでイラッとするように。それまでのその人らしさがなくなり、まるで別人のようになるので、私は、「別人化」と呼んでいます。

不安も強くなり、うまくコミュニケーションがとれない自分を責めるようになります。視野もとても狭《せま》くなるため、あらゆることを「うまくいかないのは自分がダメだから」と結論づけてしまいます。苦しさから一瞬でも浮き上がろうとして、アルコールやギャンブルにのめり込む人もいます。

別人化がさらに深刻化すると「死にたくなる」気持ちが現れることも。通常は、人間は基本的に「生きたい」という欲求を持っているものですが、別人化すると、「生きることなんてどうでもいい」と思い、「死にたい」と考え始めるのです。

それにしても、どうしてこんな苦しい状態になるのでしょう。本人にとってはただ苦しいだけのこの状態は、じつは生体が生命を維持するための「最終ブレーキ」が働いていることを意味します。79ページの図でご紹介した、「最終ブレーキ」です。

何らかの生命の危険を感じた体は、まず、不穏《ふおん》な雰囲気を感じさせ、次に人間関係でも嫌な感じを抱かせました。無意識のうちに、危険な環境や人から離れるように仕向けてきたのです。

それでも、宿主《しゅくしゅ》はストレス源から離れないので、体にも痛みや疲労感などの不調を発生させ、その刺激に近づかせないようにします。

それでもストレス源から離れないときは、いよいよ意識できるレベルの強い不安や嫌悪を感じさせ、必死にブレーキをかけてきます。ところが、現代人はそれでも、やれ責任だとか、やりがいだとか、つらさから逃げてはならない……などと言って、結局、危険な刺激から離れようとしません。そういう時に、うつという「最終ブレーキ」がかかるのです。

自信がなくなれば、人はその環境から離れます。いつもの何倍もの疲労感があれば、どうがんばろうとしても、続けられなくなります。自分が足を引っ張っていると感じれば、そこから手を引くでしょう。

何事にもネガティブな発想しか持てなくなれば、なにかをやろうとは思えなくなるのです。

このように、本能は、一時的に、強制的にうつの性格にする（別人化する）ことによって、なんとか刺激から離れさせようとしているのです。本人にとってはつらいことですが、もう背に腹は代えられない、という切羽詰《せっぱつ》まった状態にきているのだと本能が判断している、と理解してください。

しかし、快適な環境が整いすぎてしまった現代社会では、本当に自分が疲労してそんな危険な状態に陥《おちい》っているとは思えないことが多いのです。すると、せっかくストレスから離れさせようとしている自分の体と心の動きを、「人並みの努力や我慢ができないダメな奴」と考えてしまいがちです。そうして「もっと頑張らねば」とアクセルを踏み続けてしまう。

さらに怖いのは、自分を表面的に「優秀で、声を荒《あら》げたりしない穏やかな人」というふうに演じるスキルが高い人や、もともとのエネルギー量が高い「若い人」の場合、第3段階になっても周囲にまったく気づかれないままでいられること。

周囲に悟《さと》られたくないあまりに、必死に隠そうとして、それが成功してしまうのです。

しかし、疲労はいつもの3倍感じます。回復するにも、3倍の時間がかかります（私はこれを「3倍モード」と呼んでいます）。週末に寝だめしたとしても、べっとりとへばりついた疲労はとれません。

ましてや、本人は疲労を隠すために無理を重ねるので、疲労は深刻化するいっぽう。その結果、自殺（未遂）を起こす、ある日突然会社を辞める、人間関係を絶《た》ち切る、という極端なかたちで、重ねてきた疲労を一気に表面化させることがあります。

周囲は大変に驚きますが、これまでずっと抑え込んでいたストレスが一気に決壊した状態。本人は「私が全部悪いんです。ここにいたら迷惑をかけるだけです」と言いますが、もはや思考力がなくなった状態なので「自分が悪い」と結論づけるほうが楽な状態になっています。周囲は「なんて無責任な」と思ったり、「考えるのを放棄している」と責めますが、本人も自分を責めることに逃げ込むしかできない状態なのです。

誰もが大なり小なり疲労をためている現代。第2段階と第3段階の境目で苦しんでいる人がとても多い、と私は実感しています。

急に仕事の内容が変わった、管理職になった、というときや、女性の場合、産後すぐにワンオペ育児をすることになった、子どもが不登校になった、更年期と親の介護が重なった、というようなときにも、心身の疲労が重なり、このような状態になることが多いのです。

疲れは、進行するほどに「ストレス刺激の感受性」を高めていきます。

「一見、いい人」の隠れた「嫌な側面」を見つけても、第1段階ではなんとか耐えることができます。ところががまんを重ね、疲れが第2段階、第3段階に進むにつれ、次第に耐えられないレベルになっていきます。「消耗苦」はこれほどまでに、あなたの「感じ方」を変えていくのです。

「警戒苦」は絶えずあなたの不安をかき立てる

「一見、いい人」への苦しみ、2つ目が「警戒苦」です。

エネルギーがどんどん減っていく「消耗苦」は、いろいろな感情を感じやすくします。その結果、拡大するのがあなたの「警戒心」です。

警戒心とは、「この人は怖い」という恐怖の感情ともいえます。「安心してはいけない、この人はいつ自分を攻撃してくるかわからない」と絶えず警戒アンテナが立ち、「警戒苦」が起こります。

たとえば、「一見、いい人」でかつ、つねに不満を抱えてイライラしている人が職場にいたとします。

こういう人は本人も他の人も気がつかないうちに、周囲をすごく緊張させるの

です。

なぜなら、イライラを隠していたとしても、表情や声などから、周囲の人は原始人モードで緊張（危険）を察知してしまうから。その人が攻撃をしてくるかもしれないし、他の人と争いごとをはじめるかもしれません。流れ弾《だま》が飛んでくるかもしれない、と不安になります。

いずれにしても、実はイライラしている人のことを「その人の周りにいるのは危険だ」と、私たちは原始人的に感じとります。

実際、オフィスでなんとなくイライラしている人がいたり、たとえば、〝いい人発言〟の中で最後にどこかとげのある発言をしたとしたら、周囲は「？」と耳に引っかかるでしょう。

ネット動画などでも、人が怒ったり争ったりしている動画は、閲覧《えつらん》回数が増える傾向があります。感情があからさまなものでなくても、「自分にも危険が及ぶかもしれない」という危機感を私たちは敏感に感じ取るからです。

でも、ちょっと待って。「一見、いい人」は表面的には怒りっぽくもないし、声を荒げたりはしないから気づかないのでは……。

そうなのです。ここに「一見、いい人」の複雑さがあるのです。

あなたの警戒心をあおる「一見、いい人」は初対面の印象がいい

「一見、いい人」と一緒に仕事をしたり、つきあったりするうちにあなたの警戒心が高まるのは、いずれも「エネルギーの消耗」の危険を感知したときです。

いつもは穏《おだ》やかな上司が、あるとき突然、キレた。キレられたあなたは、次も同じことが起こるかもしれないので、つねに警戒するようになります。

悪い人ではないけれど、別の部署の仕事を引き受けたりして、でも自分ではやらずにあなたに渡してくる上司もいます。「頼りにしてるよ！」と言うけれど、この人と組むと、いつも仕事量が増える気がする。これも、直接「疲労を増やす人」なので、本能は警戒します。

仕事の方針を示してくれず、「まあみんなでよく話し合ってやってよ」という

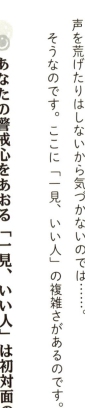

ふうに丸投げしてくる上司。直接、嫌なことをされたわけではないけれど、あとでなにかトラブルが起こっても責任をとってくれそうにない……明らかにあなたを疲れさせる人です。こういう人たちもまた、とても危険な感じがして、警戒心が高まります。

「教えることが大好きな上司」も、ちょっとしたことで話が長くなる。仕事を早く進めたいのに、とイライラする。これも一種の「私の負荷《ふか》を高める人」で、姿を見ただけで「また声をかけられるのではないか」と気になります。

「一見、いい人」は、コミュニケーション能力が高いので、「初対面で関係を築くことがうまいのが特徴です。

すぐに仲良くなれたことがうれしく、こちらはつい相手に心を開きすぎてしまう。前の会社でトラブルを起こしてしまったこと、いじめにあったこと、実は同じ部署のあの人が嫌いであること……気を許してたくさん話してしまったものの、「顔の広いあの人はもしかしたら私の秘密を言いふらすかもしれない」と、後から警戒心が高まることもあります。**けれども相手はあなたに好意を持っているように感じるし、そこは悪い気もしない。この葛藤で悩みます。**

私がよく言うのは、「あなたを守ろうとして、あるいは仲良くなりたいと思って近づいてくる人は、ストーブだと思いましょう」ということです。

確かに寒い夜にストーブはなくてはならない存在です。けれども、このストーブに足が生えていて、あなたを温めようとすぐそばに近寄ってきたらどうでしょう。熱い！　ですよね。やけどをしないためにできることは、とても簡単。すみやかに、「**適切な距離をとる**」ことです。

「一見、いい人」もまた、必死で生きている

「一見、いい人」とトラブルが起こるとき、両者の見えない利害関係が対立していることがよくあります。

お互いに悪気はなく、それぞれが社会でなんとか生きていくためのスキルを高

めてきた。しかしそのスキルがAさんにとっては「ラクになれる」ものでも、Bさんにとっては「苦しいもの」になることがあります。

たとえば、こんな状況です。Aさんはかつてヘビースモーカーだった。これまで禁煙しようとしては繰り返し失敗してきました。みんなに迷惑をかけないようにするにはどうすればいいか、と、今は電子たばこを吸うようになった。でも、電子たばこから副流煙《ふくりゅうえん》は出ていて、それをそばで吸い続けているBさんがいます。Bさんとはつまり、あなたです。

Aさん――あなたに仕事をまわしてくる上司、教えたがりの上司、丸投げする上司、相談に乗るよ、と近づいてくる同僚、どの人も、それぞれがまさに「これが私の生きる道」という言葉の通り、なるべくエネルギーを消費せずに自分の立ち位置を確立できるよう、生きるためのスキルを磨いて生きています。

そんな「Aさん」を変えたい、とあがいても、難しい。Aさんは、**これまでの人生の中で培《つちか》ったスキルで、「最高のバランス」で生きているのかもしれない**のですから。「変わってください」といっても「は?」と言われるでしょう。

変えられるもの・変えられないもの

私が座右の銘《めい》にしているものに、神学者ニーバーの「祈り」という言葉があります。

神よ、私たちに変えられるものを変える勇気と、
変えられないものを受け入れる冷静さと
その二つを見極める智恵を与えたまえ。

人は、思うようにいかないときに、「相手のせいだ」と思い、相手を変えたくなります。どうすれば相手は自分の思うようになるのか、と、あれこれ工夫してみてもいっこうに変わろうとしない相手に怒りをためる。あるいは、もう我慢をするしかない、と結論を出して、自分のつらい気持ちを無視しようとする。どちらもエネルギーを無駄に消耗します。

では、変えられるものを変え、変えられないものを受け入れることができるかというと、これも大変に難しいのです。特に、エネルギーが少ない「第2段階」や「第3段階」のときには、これまでに慣れ親しんできたやり方のほうが、エネルギーの拠出《きょしゅつ》が少ない〝省エネモード〟でいられるので、人は「変わりたくない、変えたくない」のです。

それでも、「変えられるものを変え、**変えられないものを受け入れる**」ことができたら、人とつきあうときの視点は大きく変わり、ラクになれるのです。

両者をどうやって見極めることができるのでしょうか。そこでヒントになるのが、人間が何を目標にして日々、生きているのかを知ることです。

これから紹介するのは、人が動物として持っている基本特性、つまり「変えられないもの」についてです。

自分のペースを優先させたいから支配したがる

ここでお話ししたいのは、原始人時代から人間は本能的に「生存」「安全」「生殖」という3つの基本の目標を目指して生きている、という仕組みがあること。

【3つの本能的な目標】

1 **生存……食べられる、すみかがある、温かい、着るものがある**

2 **安全……自分を攻撃する外敵がいない**

3 **生殖……子孫を残す**

さらに、この3つの本能的な目標をよりよく達成するために人間が行動する指針としてきた中間的な目標を、私は「4つの中間目標」と名付けています。

【4つの中間目標】

1 できるようになりたい

2 一番になりたい

3 仲間に助けてもらいたい

4 愛されたい

過酷な環境下で飢《う》えや寒さに直面し生活していた原始人は、狩りや釣り、料理、衣服作りなど、何かに秀でることが自分や仲間の命をつなぐ重要な要素でした（できるようになりたい）。

また、その能力が集団の中で一番であれば、仲間としてより尊重され、異性からも愛されることができました（一番になりたい）。

外敵の襲撃に備え、自分が弱ったときに助けてもらうには、仲間が必要です（仲間に助けてもらいたい）。

子孫を残すには、異性に愛されなければなりません（愛されたい）。

この4つの目標も、先の3つの本能的な目標と同じレベルで、私たちをコントロールします。

現代でも、この4つがうまくいかないときに、人間はとても悩んでしまうのです。悩むのはつらいから、それぞれが自分の適性に応じて、工夫をして、4つの中間目標を達成する。その過程で、人それぞれのキャラクター、つまりその人らしさは作られていくのでしょう。

さてこの4つの中間目標の視点から考えると、「一見、いい人」の行動が読みやすくなります。

たとえば「一見、いい人」は、なぜかあなたを支配していますす。しかも悪意はないようです。だからあなたは困惑してしまいます。

なぜ、「一見、いい人」はそうするのか。「一見、いい人」が、たまたま疲れていたとしましょう。

エネルギーが低下しているので、ほんとうは自分のペースでいろいろなことをやるほうがラク。それが本来、もっともエネルギーを浪費しないやり方です。

しかし、チームで何かをしなければいけない、**他の人のペースに合わせなければ**

ばならない、というときには、どうしてもエネルギーをさらに消耗することになります。

このとき、一番いいのが、誰かを支配することなのです（一番になりたい）。つまり「一番になりたい」目標です。**「私のあとについてこい！」と相手を支配したほうが、自分のペースで動けるから楽なのです。だから強さを主張してマウンティングしたくなる。**この傾向はすべての人にあるのですが、「一見、いい人」の場合、元気なときは、むしろとても細かな気遣《づか》いなどをしてくれたりするので、ギャップが激しくなってしまいます。

いっぽう、自分の弱さを主張すれば、相手に助けてもらえる確率が高くなる場合もあります。これは、（仲間に助けてもらいたい）という中間目標をかなえる行動といえます。

「一見、いい人」はあなたの急所を責めてくる

前の項目で挙げた４つの中間目標は、「一見、いい人」の行動を読むためだけでなく、あなた自身の「急所」を見つけ出す手立てともなります。あなたにとっての「一見、いい人」は、

1　できるようになりたい
2　一番になりたい
3　仲間に助けてもらいたい
4　愛されたい

のどれかを刺激してくる人ではないでしょうか。

能力を高めたいと思うあなたにとっては挑戦しがいのある仕事は魅力的。困難でもやってみたい、投げ出したくない、と思うはずです（できるようになりたい）。気まぐれな上司に振り回されて疲れるけれど、評価もされたい。そうすれば次

の異動の時期にはチームリーダーになれるかもしれないから（一番になりたい）。

他の人に言いふらされるかも、と思いながらも頼りにしてしまい、内緒の話をついしてしまう同僚は、あなたの心の支えになってくれている部分もあります（仲間に助けてもらいたい）。

優しくされたかと思えば、冷たくされたり。でもこの弱い人を守ってあげなくては、と〝ダメンズ〟ばかりに惹かれるあなたは、相手からの愛情を失うのが怖い状態にあるのかもしれません（愛されたい）。

人にはそれぞれ、異なる急所があります。傷ついてしまうポイントもそれぞれ違います。

自分はどこを責められているから苦しいのか、離れられないのか、そのポイントを見つめ直してみると、あなたの「警戒苦」の正体が見えてくるかもしれません。「相手のどんなところが嫌だと感じているのか」「相手がどのような言動をしたときに苦しくなるか」を考えてみましょう。

◇「一見、いい人」の、どんなところが嫌？　どんな気持ちになる？

【例】

●責任をとらない
●自由を奪われている気がする
●自分はできないやつ、というふうに思わされる
●お返しや善意を期待されている気がする
●やたらと距離を縮めてくる

「自己嫌悪苦」は自分を悪者にする

「一見、いい人」への苦しみ、3つ目が「自己嫌悪苦」です。

疲れやストレスでエネルギーが失われる「消耗苦」が、いろいろな感情を刺激して「警戒苦」を高めたように、「自己嫌悪苦」も前の2つ（「消耗苦」「警戒苦」）

と関係しています。

消耗し、身を守ろうと警戒し、それでも状況が変わらないと、「一見、いい人」へのイライラがさらに高まってくる。同時に、自分を責めるモードも強まってくる。これが、「自己嫌悪苦」です。

「自己嫌悪苦」にも、「一見、いい人」ならではの難しさが隠れています。


相手があからさまに「悪い人」なら、周囲に愚痴も言いやすいし、離れるという対処もとりやすく、あなたの「つらさ」を理解してくれる人もすぐに現れるもの。しかし、「一見、いい人」の場合、このような対処がとりにくいために、「いい人にイライラする自分がダメなのでは」と自分を嫌うようになるのです。

「一見、いい人」と自分を比較して、「この人の、こういういい部分と比べて、私は……」という思考を繰りしていると、やがて、

●相手は正しいことをしているのに

●相手は私をいじめたわけでもないのに
●相手は私にがんばりを期待してくれているのに

と、「自分のできていない部分」が浮き上がって見えてきます。

誰もまだ何も言っていないのに「きっと、私は今後、こんなふうに責められるに違いない」というプレッシャーを感じるようになります。

すべて独り相撲、自分だけで考えていることなのですが、このような思考によって「自己嫌悪苦」が強くなっていきます。

「一見、いい人」は「自責」を刺激してくる

100ページ『「一見、いい人」はあなたの急所を責めてくる』のところで、「4つの中間目標」にもとづくあなたの4つの急所を紹介しました。「一見、いい人」

は、その他に、「自責《じせき》」も刺激してくることが多いのです。

自分を責める気持ちは、うつ状態のときに特徴的に出てくる感情でもあります。自責感情は、じつはカウンセラーにとって、扱いの難しい感情ランキング一位の感情でもあります。

自責感情があるから、離れたほうがいい人から離れられなくなる、会社を辞められなくなる。「悪いのは自分なのに、この場から降りたらもっと相手を困らせて迷惑をかけてしまうのではないか」という思考回路になってしまうので、クライアントは身動きがとれません。


ひと昔前の話ですが、いわゆる〝サラ金〟の取り立て方法にはこんな心理テクニックがあると聞いたことがあります。

本当の取り立てのプロは、映画で見るような「さっさと今すぐ払え！」というような強い態度は決してとらないというのです。むしろ、電話をかけてきて、優しい声で「払っていただけないと、担当者の僕はクビになってしまうんです」「子どもがいて、お金がかかるんです。人助けだと思って払ってもらえませんか」「少しの金額でもいいですから」と、こういったアプローチをするそうです。

この人を見捨てると後悔するのが怖い、耐えられない、という罪悪感を刺激してくる手法。このほうが、結果を得られやすいのです。


職場で「自分はこんなに大変！」とアピールする人がいます。

さりげなく周囲の人に面倒な仕事を押しつけたりする。このような「一見、いい人」は、「大変さ」を武器にして、あなたの自責感を刺激しているのではないでしょうか。

それに気づかず、相手を気遣ってがんばり続け、さらには「イライラする自分は相手に申し訳ない」と自分を責めているなんて、割に合わないと思いませんか？

人は、「なにかをしてもらうと、お返しをしなくてはいけないと考える」性質を持っています。心理学ではこれを「返報性《へんぽうせい》の原理」と呼びます。スーパーで試食をすると、なんとなくその商品をカゴに入れなければ申し訳ないような気がするのも、「自責感」を刺激する返報性の原理ゆえ。お土産をもらったら、次に自分が旅行へ行った時、その人にお土産を買っていかなければとなるように、考えてみればこの返報性の原理は日常によくあることです。

自己嫌悪しやすい性格の原因「こうあるべき」

そもそも「自責」モードに陥りやすい性格・特徴もあります。「自責」に大きく関わるのが、私たちが幼い頃に親や先生から教えられてきた、「こうあるべき」という心のあり方「子どもの心の強さ」です。

あなたは、へこんだとき、このように自分に言い聞かせてはいないでしょうか。くよくよしてはダメ、こんなことで怒るなんてみっともない、ネガティブに考えちゃダメ！　というふうに。

我慢する、続ける、努力する、自分だけでやる、最後までやる。まとめれば「努力と我慢」がキーワードの精神理念。大きくなって社会に出たとき、これらがしつかり身についていれば苦労はしない、と教えられた理想のあり方です。

子ども時代は、心も体も成長の真っ最中です。どんなこともがんばればできるようになるし、苦しくても我慢していればできるようになることが多い。


しかし、注意したいのは、その裏に「それでもできないのは、あなたの努力と我慢が足りないから」というメッセージをはらんでいることです。

「一見、いい人」に悩むとき、自分の努力や我慢が足りないからだ、と自分を責めるのは、**あなたがまだ「子どもの心の強さ」だけで乗り切ろうとしているから**かもしれません。

励まし、檄《げき》を飛ばすのは、へこんだ心を立て直すために、ある程度必要なやり方ではありますが、つねにその対応しかできないと、肝心の「感情」は置き去りになってしまいます。せっかく発されたSOS信号を無視していると、「自責」を深めていく大きな要因となります。

「自分の感情はいけない」と思っていない？

もう一つ、「子どもの心の強さ」が発信してくる裏のメッセージがあります。それは、「あなたの考えは間違い。正解は教科書や親、先生が知っている」というメッセージです。

集団生活を送る学校では、子どもは好き放題にすることは許されず、社会性を身につけるためにさまざまな欲求や感情を我慢する練習を繰り返します。特に日本においては、自分がどう振る舞うかは、大人の顔色をみて「空気を読む」ことが求められます。

この環境に順応しすぎると、大人になっても「自分の感覚や発想はよくない。いらない。無視するべきもの」という、自己否定の芽が生まれやすくなります。

幼いころに、「よい子でがんばり屋でほめられるのが大好きだった」人ほど、大人になってもそのやり方にこだわろうとします。

泣いていると「いつまでも泣かないの！」と言われ、ほめられて調子に乗っているといると「ほめられなかった人のことを考えなさい」というふうに、感情を抑えるよう押さえつけられてきませんでしたか。

「一見、いい人」の言動をよく見て、必死に配慮をして疲れて、疲れた自分の感情を抑え込んで、結局抑えきれない自分を強く責めている。どんどん自分のことが嫌いになっていく——。

いっぽうで、他人は自由にやっているように見えて、そういう人を見るとわけもなく腹が立つ。その怒りを抑えている。

そんなあなたは、いままであなたを守ってくれた「子どもの心の強さ」を手放すときかもしれません。

大人の心は「柔軟」で「しなやか」

「努力と我慢」がキーワードの「子どもの心の強さ」があなたの「自責」を強め

子どもの心の強さ		大人の心の強さ
完全にやる	⇔	まず動いてみてから考えながらやってみよう
全部やる	⇔	ポイントを見極め、不要な部分は切り捨てよう
全力でやる	⇔	ただ一生懸命やればいいものでもない。肩の力を抜いたほうがうまくいくこともある
成長する	⇔	人が成長するには時間がかかる。ある地点まで来たらそれ以上成長しない部分もある
一人でやる	⇔	必要に応じて周囲の力を借りよう。他人と支え合ったほうが、より大きい仕事ができることもある
最後までやる	⇔	状況に応じてやり方を変えたり、あきらめる勇気を持とう
逃げない	⇔	自分の実力と課題の困難さを分析し、上手にトラブルを避けること、助けを求めることが大切だ

ています。私たちが身につけたい「大人の心の強さ」は、「柔軟さ、しなやかさ」がキーワードです。

　つねに自分の「感覚」を信頼し、ものごとは、**いいも悪いもなくバランス、程度が肝心だ、ということを知っている。つまり「自分軸」がある。**我慢するだけではダメなときもあるし、あきらめが必要なときもある、努力するだけでは叶わないことがあることも、これまでのたくさんの経験から知っているのが、大人です。

　大人になってから遭遇する出来事やトラブルは、いろいろな要素が絡《から》み合い、複雑になっていきます。「子どもの心の強さ」は、ここ一番でぐっとがんばるときには役立ちますが、**大人になってからの環境では、むしろ大人の心の柔軟さが事態を好転させることが多い**、と私も実感しています。

　今、あなたが「一見、いい人」という複雑な人間関係にさらされているということは、もしかしたら、ここで「大人の心の強さ」を蓄《たくわ》えるチャンスなのかも、と受け止めてみてもいい。多少の失敗にもめげず、自分や身近な人を励ますことができる人。厳しい経験によってつぶれてしまうのではなく、それを糧《かて》にする力（レジリエンス）を身につけられるのが、大人です。

次の章からは、いろいろなタイプの「一見、いい人」に私たちはどう向き合っていけばいいか、どう距離を置けばいいかについて具体的にみていきましょう。

第4章

エナジーバンパイアから身を守れ！

「一見、いい人」パターン別処方箋12

パターン別処方箋の使い方

あなたは「一見、いい人」に消耗苦・警戒苦・自己嫌悪苦のどの「苦しみスイッチ」を押されてきたのでしょう。その仕組みがわかれば、相手からうまく距離をとったり、危ない、と思ったときに素早く逃げたりすることができるようになります。

第4章では、12パターンの「一見、いい人」を紹介します。パターンごとに、

●苦しみの原因（消耗・警戒・自己嫌悪のうちのいずれか）

●危険度（★★★★が最も危険）

●とるべき手段

●殺し文句

を解説し、提案していきます。

あなたが困っている「あの人」はどのパターンの人物像に近いでしょうか。も

しかしたら、複数のパターンを併せ持っている場合もあるかもしれません。

これまで、「変わらない相手」に自分を無理に合わせようとしたり、相手の態度に疑問を抱いても我慢したりしていたあなたは、勇気を出して「殺し文句」を発してみましょう。気持ちが軽くなるかもしれません。相手のことが気にならなくなってくるかもしれません。それが、この処方箋《しょほうせん》の目的とするところです。

もちろん、1回だけ、なんらかの対策をとってみたり殺し文句を言ったところで、相手との関係が100％解決するものではありません。これまで長く我慢してきた人ほど、「早く結果を出したい」と焦りが生じるかもしれませんが、そういう方には私は「40回、400回の原則」というものをお伝えしています。

心の習慣を変えるためのワークは、40回続ければ、必ずなんらかの効果を得ることができます。さらに、400回続ければ、「体が覚えていて自動的にできる」レベルまで達することができる。これは私がクライアントと接した経験則から導いた数字です。ただ、こうしたいと願うだけでは変わりません。試行錯誤しながら何度も実践練習を重ねることで、少しずつ、でも確実に相手との関係を変えていくことができます。

パターン1

「これ、見つけたの。食べてみて」
やたらとモノをくれるけれど、本音が怖い女友達

お菓子、本、旅先で買った雑貨など、会うたびにやたらとモノをくれる女友達。センスは悪くないけれど、特に好きでもないモノも多く……。ときどき高価なものもあったりして、もらいっぱなしも気まずく思います。会うことになるたびに、「私も何か持っていったほうがいいのかな」「お返しをしなくては」と、プレッシャーに。もしかして、なにかを期待されているのか。だとしたら何なのか、と思い始めるとなんだか顔を合わせるのが憂うつになります。

▼受け取らないほうが相手にとってはショックでは？

●苦しみの原因 ＝ 警戒　自己嫌悪

●危険度 ★

モノをもらうと、お返しをしなくてはいけないのではないかと考える。今日もなにか相手が持ってくるのではと「警戒」すると、モノをいただくという本来は喜ばしいことも、憂うつになるものですよね。

好意でプレゼントをしてくれる人を疎ましく思う自分を「自己嫌悪」もしている。ここまでお話ししてきたように、なんとなく相手を警戒したり、「モノをくれることを迷惑がるなんて私ってひどい」と自己嫌悪していると、あなたのエネルギーはわずかにでも自動的に浪費されていきます。

ただし、いつもストレスを感じているわけではなく、会う前後に感じるストレスですので、危険度は★としました。

とるべき手段

気にしすぎてしまう思考を止めるために、まずは、冷静に「事態の見極め」をしてみることです。

相手はどうしてあなたにモノをあげたいと思うのでしょう。あなたと仲良くなりたい、あなたに喜んでもらいたい。経済的にも余裕があり、それほどこちらに何かを期待しているわけでもないのではないか、という見極めができれば、「ありがとう」と素直に受け取っていいと思いますよ。

私の場合、いただけるものは、ありがたくいただくことにしています。なぜなら、私は基本的に性善説を選びたいと思っていますから、なにかを私に渡したい、と思ってくれた気持ちを素直に受け取りたいからです。

反対に「いりません」と断るとどうでしょう。相手は好意を「拒絶された」という気持ちになり、相手にダメージを与えてしまうことになると私は考えます。

あなたが受け取ることによって、相手の「あげたい」気持ちは満たされている。それに、あなただって相手と会ってあれこれ話をすることで十分、相手に「与えている」わけで、すでにギブ・アンド・テイクは成立しているのです。

ただし、注意しないといけないのは、欲しいものでもないいただきものを、社交辞令で大げさに喜ぶこと。喜びを過剰に表現していませんか？　それが相手の「もっとあげたい」気持ちを加速させているかもしれません。

そのお友達とつきあう中で、あなたの好みや、モノを増やしたくないという気持ちを伝えるというやり方もあります。雑貨屋などに立ち寄ったときに、「実はこういうものはあまり好きではなくて、こういうものや色が好きなんだ」とか、「いま、断捨離中なの。こういう雑貨、前なら部屋に飾りたかったんだけど、もう置くところがないわ～」などとアピールするのもかしこい手段の一つです。

どうしても受け取りたくないものの場合、誰か別人格の人をモデルにして「この人だったらどう言うだろう」とイメージする方法あります。ためロキャラで無邪気なイメージのタレントさんがもらったら？　「いらな～い！」と明るく言うかもしれません。このように自分以外のキャラクターを当てはめてみると、断り方のイメージが広がります。

殺し文句「いま、断捨離中なの」

パターン2

「あなたのことが心配なの」
しょっちゅう押しかけて尽くす、おば

一人暮らしをしているのですが、定年間近で独身のおばは、予告もなく「今日、行っていい？」と泊まりに来ます。とにかく尽くすタイプで、好きなブランドのものを買ってきてくれたり、料理をたくさん作っておいてくれたり、「疲れている○○ちゃんが心配。体にいいと思って」と健康食品を買ってきたり。また次も来るから、と自分用のパジャマや歯ブラシ、トリートメントを置いていくのも困ります。

何度か、冷たい態度をとってみると直後は遠慮してくれるのですが、しばらくすると何事もなかったかのように、またやって来ました。

私は母とあまり仲が良くなく、おばもそうなので、最初のうちは共同体意識のようなものがあったのです。また、おばは独身で、一人暮らしが寂しいのかもしれません。親類なのではっきりと拒否しにくいのですが、今こうやって私に尽くすことで「自分の老後、何かあったら面倒をみて」という密《ひそ》かな狙いがあるのでは、と思うと、まだ何かが起こったわけでもないのに縛《しば》り付けられたような気持ちになります。最近は、電話の着信があるだけで、ざわざわします。

▼あなたの不安について直接、確かめてみよう

●苦しみの原因＝警戒　自己嫌悪

●危険度　★★

よかれと思ってやってくれることがいちいち「重い」と感じるのは、相手の「老後の面倒をみてほしい」狙《ねら》いがどうしても気にかかるからですね。

親子、夫婦、親族などは、相手を心配すればするほど近寄ってくるものです。しかし、ほのかに温かなストーブはありがたいけれど、ストーブが近づきすぎると熱くてやけどをする。本来、あなたができることは、相手から距離をとることです。

しかし、親族だという思いと、相手の寂しさもわかるだけに、なかなか距離もとりづらい。冷たくする自分に「自己嫌悪」を感じるのも苦しい。

しかし、携帯の着信があるたびにストレスを感じるというのは、「警戒」アンテナが立っているということ。この先、事態が変わらなければ、あなたのエネルギーの消耗はますます加速するかもしれません。

とるべき手段

私がもしもこのテーマでクライアントから相談を受けたとしたら、「問題構造は、はっきりさせていますか？」とお話しするでしょう。

　いずれ自分の面倒を見てよ、と言われているような気がする。「気がする」ということは、あくまでもあなたの想像であるわけです。想像しているかぎり、あなたは「警戒苦」を感じ続けます。

　そうやって消耗していることこそが、あなたにとっての解決すべき問題なのです。

　勇気を出して、あなたがいまもっとも聞きにくい、と思っていることを聞いてみましょう。「老後の計画、どんなふうに考えてる？」――もしかしたら、おばさんはちゃんと自分の老後のために貯金をしているかもしれません。

　また、もし本当に介護を期待しているのならば、できる、できないも含めて、親族にも相談しながら、今後、具体的に話をするというプロセスに進む道があります。

　あなたとおばさんはまったく異なる人生を歩んでいます。問題を「見える化」させたほうが、少なくとも「もしかしたら」という想像でじわじわ消耗しているよりも、事態は前に進むのです。
相手がよかれと思っているとはいえ、あなた自身が束縛《そくばく》感を感じているのであれば、その感覚をきちんと認めましょう。「最近、疲れているから一人の時間を大切にしたいんだ」と、泊まりに来られること、しょっちゅう連絡があることが負担である、ということも伝えたいですね。

殺し文句「老後の計画、考えてる?」

パターン3

「任せるよ〜」

任せっぱなしで責任はとらない、お任せ上司人当たりが良く穏やかで、職場ではみんなに「いい人」と評判の、私の直属の上司。趣味も幅広く、雑談レベルでは、こちらも楽しいんです。でも、その正体は、大迷惑上司……。

会議では「なんでもいいよ～」「○○ちゃん（私のこと）にお任せするよ～」とソフトに言うのですが、せめて方向性を示して欲しい、とお願いしても反応ゼロ。ようやくまとめて提出すると「う～ん。これじゃないんだよね」と突き返してきます。

先日、取引先とトラブルが起こったときには「全部任せていたから、自分は把握していなくて」と責任転嫁《てんか》されました！　見た目はスマートで人当たりもいいので、社内での評判は上々。だから、悪口を言いたくても言う相手がいないのです。「デキる部下を持って幸せです」などと取引先で歯が浮くような台詞を言われると、怒りでワナワナします。

▼証拠を残し、指示を出さざるをえない仕組み作りを

●苦しみの原因＝消耗　警戒

●危険度　★★★

まさに「一見、いい人」ですね。方向性も示されないままでがんばって仕上げたものが「やり直し」になれば、あなたの実際の作業量が増えて「消耗」します。次も同じようにやり直しになるのでは、また責任転嫁されるのではないか、とつねに不安で「警戒」するようにもなり、その上司の顔を見るだけでイライラするようになっている状態ですね。これは明らかに、エネルギーの消耗が増している状態。あなたの疲れのレベルは第2段階になっているのではないでしょうか。

このような上司、実はたくさんいます。本当にいい上司というのは、部下の責任をとる人。「任せるよ」の上司は、一見、いい上司のようなふりをしていますが、実際は責任をとらない＝リーダーとしての役割を果たさないので、たちが悪いのです。

「任せるよ」といわれると、能力を評価され、信頼されているように思えて最初はうれしいものです。しかし、トラブルが起こったときにこそ、相手の正体が見えます。責任転嫁をされると、「いい人」ではなく「ヒドい人」だったことが判明するケースです。

とるべき手段

上司という立場も、あれこれ疲れるものです。自らのエネルギー消耗を避けるには、誰かに頼ることが必要。あなたのようにデキる部下がいれば、頼りたい、という気持ちが湧《わ》くのも無理はありません。

しかし、上司がどう思っていようと、中途半端な態度に振り回されてエネルギーを奪われ、迷惑をこうむっているのはあなたです。そこが問題の根本であり、解決の糸口にもなります。

とにかく、今後あなたのエネルギー消費がなるべく減るように自衛策をとることが重要です。その対策は、精神論ではなく、現実的な手順です。

後になってから「任せていたのに」「知らなかった」と言われないために、課題の進行スタート時から、すべてメールで残します。

ポイントは、上司の一つ上の上司を含めチームの全員にCCメールをすること。あるいは、自分以外にもスタッフがいる場で報告すること。一対一ではなく、証人を得るつもりで、意思決定や互いの判断の痕跡を残しましょう。

あとで「聞いてなかった」と言われても、メールの文面で証拠を残したり、相談や報告時に他にも誰かいた記憶があれば「あのとき、なにも指示はありませんでしたよね？」と答えられるでしょう。

面倒でも、あなたが自分の身を守るためにやるべきことと、上司がやるべきことを「見える化」し、上司がやるべき「方針を出す、最終決断をする」をやらざるをえなくなるよう、こちらから演出をするのです。

殺し文句「メールでもお送りしました！」

パターン4

「めっちゃ最高！」
ハイテンションでそばにいるだけで疲れるキラキラ女子

同僚は、明るくて朗らかないい子。仕事ぶりも問題ないのですが、やたらとテンションが高いのが気に障るのです。私が普通に仕事しているだけでも、顔をのぞき込んで「どうしたの？　もしかして、疲れてる？」と言ったり、「ゆうべ行ったライブが最高で！」と子犬がキャンキャン吠《ほ》えるみたいに周囲で話す声を聞くだけでも、なんだか疲れてしまいます。

いい子なだけに、オーバーアクションの仕草や声にいちいち反応し、イラついてしまう自分が情けないです。

▼彼女がいなかったら？　と想像しよう

●苦しみの原因＝自己嫌悪
●危険度　★

確かにちょっとうるさそうですね（笑）。同僚の声が「騒音」に聞こえるとしたら、やはりそれはストレスです。疲れているときほどそのハイテンションな声が耳に障るでしょう。しかも、イラつくたびに、「いい子なのに、イライラする自分が情けない」と、「自己嫌悪」のスイッチを押し続けてしまうのですね。

とるべき手段

このようなケースでは、「もしも相手が職場にいなかったら」と視点を変えてみるのがおすすめです。

現在はその同僚が、職場の雰囲気を明るくするという機能を果たしている。だから、あなたもマイペースで、自分らしくいられるところがある。

しかし彼女がいないと、あなたが代わりに無理をして、「場の盛《も》り上げ役」を背負わなければいけないかもしれない。そう思うと、彼女が他の人からの緩衝《かんしょう》材《ざい》になってくれている、という見方もできるかもしれません。

そもそも人は、疲れてくると、人を「大好き」か「大嫌い」か二分化したくなるものです。しかし、あなたもわかっているとおり、彼女にも「いいところ」はたくさんある。

とはいえ、あなたの価値観で100％の「いい人イメージ」を作り上げていると、そのイメージに添わないちょっと嫌なところを発見したときに「やっぱり大嫌い」と判断してしまいがちなところもあります。

物事のとらえ方を見直すのと同時に大切なことは、あなたの疲労をケアすることです。その方法は、第5章で説明します。

ハイテンション過ぎるけれど、実際に自分に危害を示すようなタイプではない、とわかれば、「ちょっと〜、うるさいよ〜」などと冗談めかして接することができるようになるかもしれません。

殺し文句「声が大きいよ。落ち着いて（笑）」

パターン5

「ねえ、あの人ひどいんだよ……」

人の悪口ばかり言ってくるディスり子さん

ＰＴＡ仲間で、同じマンションの住人のＡさん。とても明るく友人が多いので、情報通でもあります。困ったときに頼りになる、いい友人ができたと思っていました。よく帰り道が同じになるのですが、話題はいつも誰かの悪口。無難に曖昧《あいまい》な反応をしていると、自分の意見に共感してほしいとばかりに、もっと強い口調でその人のことを批判してきます。

最初のうち、「いろいろ知っているから参考になるなあ」と思って興味本位に聞いてしまった私も悪いのですが。日替わりで誰かの悪い噂《うわさ》話を仕入れてきては、べらべら話すので、心がささくれ立つというか、なんだか嫌な気持ちになります。

▼否定も肯定もせず、の姿勢を貫こう

●苦しみの原因＝警戒　自己嫌悪
●危険度　★★

誰かの悪口を聞く度に、あなたは「たぶん私のこともどこかで悪く言っているのだろう」と「警戒」するでしょう。

また、「同意すると自分もその悪口に荷担《かたん》することになって、この人と同類になってしまう」と「自己嫌悪」もしている。とはいえ、「よく知らない人のことを悪く言わないほうがいい」などと正論を言っても通じる相手ではなさそうです。

場合によっては敵視され、次はあなたに攻撃が向く可能性も高い。自己嫌悪と

警戒で、葛藤が続いている状態ですね。

とるべき手段

相づちを打つのもNOというのも難しい、相手を敵にもしたくない。そもそも本気で戦う相手でもなさそうだし仲良くなる必要もない。このような場合は「曖昧な返事をし続ける」というやり方もあります。

「ああ、そうなんですか」「へえ、それは知らなかったですね」「いや、私は気がつかなかったです」というふうに、否定も肯定もしないという態度を貫くのです。「あなたの言っていることは否定していないけれども、私には私の感覚がある」と意思表明をし、線引きをするのです。白黒つけない、バランス感覚が必要な対応ですが、こういった対応ができることこそ「大人の心の強さ」といえるでしょう。あなたと話してもつまらないと、やがて相手も自然と離れていくでしょう。

殺し文句「気がつかなかったです」

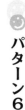

パターン6

「もうサイアク……」
口を開けば愚痴ばかりのグチグチさん

会社に同期入社した女友達。趣味も合ったのでSNSでもやり取りし、休日も遊んだりして10年近い付き合いに。明るく仕事のスキルも高いので、上司や同僚からも好かれています。でも、最近、困っています。よくランチに誘われるのですが、話題のメインはつねに、「愚痴」でうんざり。「こんなに一生懸命やっているのに、上司は私のことを評価してくれない」とか「子どもが私の言うことを聞いてくれない」といったことを事細かに状況を延々と話し続けます。

話し足りないときは、その日のうちに長文メールで愚痴を追加してきます。あれこれと私もアドバイスするのですが、そのアドバイスを活《い》かしている様子もありません。それどころか、聞いてくれる相手として慕ってくれているようなので、悪いなと思いながら本当に疲れます。

この愚痴攻撃さえなければ特に嫌なところもないのですが、会った後にはぐったりしてしまいます。

▼「聞き流している」だけで十分支援できている

●苦しみの原因＝消耗　警戒

●危険度　★★

おそらく、同期の「グチグチさん」は、どこか弱さを身にまとい、あなたが「話を聞いてあげなくちゃ」という気持ちになってしまう雰囲気を持っているのでしょうね。つい親身に相談に乗るうち、愚痴を聞くのが当たり前のような関係になってきてしまった。しかし、一生懸命話を聞くだけでもエネルギーを「消耗」します。特に、「怒り」「不安」などの感情は、そばにいる人にも伝播します。

なんとか解決するようにと思ってアドバイスをするけれども、効果もないよう。すると、あなた自身がいっしょに知恵を絞ったということすらエネルギーの無駄遣いに思えて「消耗」してくる。そして、グチグチさんと交流することを「警戒」するようになってくるのですね。

とるべき手段

「グチグチさん」の目的は何なのでしょう。おそらく、「愚痴を聞いてもらうこと」で、それで気が済んでいる。アドバイスは必要としていないかもしれません。人は誰かに話を聞いて、領《うなず》いてもらうだけでも心が軽くなるものです。

今後は割り切って「私は聞き流しの支援を続けている」というスタンスをとってはどうでしょうか。あなたが「聞き流す」だけで、すでに立派な支援となっている。そう思えば、頷くだけでいい。どうすればその問題は解決するのか、と考えなくてよいぶん、エネルギーの無駄な損失を食い止められます。

メールの場合も、「読んだ」ということは伝えるぐらいの短いものでもいいのです。「大変だね〜」「いつも応援しているからね」「とりあえず、明日もがんばろう」――この3パターンから選んで、軽いお返事をすればいいのです。

もちろん、疎遠《そえん》になるプロセスを進めることも可能ですが、関係を一気に断ち切ると「自己嫌悪」スイッチを押し、あなたにとって逆に負担となるかもしれません。

関係を大きく変えるつもりがないのであれば、ランチに誘われたときに「さあ、今日も聞き流しの支援に行くか！」と、聞こえないところで、明るくつぶやいてみてもいいでしょう。あなたのテンションが「あっけらかん」となると、相手のグチグチオーラに引き込まれにくくなるはず。

グチグチさんも、つらい話だけではなく楽しい話もしようかな、という気持ちに変化してくるかもしれません。

自分へ 殺し文句 （さあ、今日も聞き流し支援をしよう♪）

パターン7

「大丈夫！　私も生理止まったから！」
悲痛ながんばりを部下にも押しつけるモーレツ上司

優秀で、いつも丁寧な仕事をする、評判の女性課長がいます。その課長に憧れて異動を希望し、念願叶《かな》って直属の部下になれました。

他の部署にいるとまったくわからなかったのですが、実際に下で働いてみると、優秀だからこそ、大変……。部下である私への要求レベルも高いのです。

課長は本当にとてもいい人で、くじけそうになると励ましてくれます。ただ、彼女が望むレベルの仕事が全然できていない自分がつらくて、情けない。先日は本当にしんどくなって、「仕事がきつくて、生理が止まってしまいました」と言うと、「大丈夫、私も生理止まったことあるから」と、にっこり笑われ。自分で課長の下で働くことを希望したのだし、逃げてはいけない、と思うのですが、いつか倒れてしまいそうです。

▼すでに低温やけどが進行しています

●苦しみの原因＝消耗　警戒　自己嫌悪
●危険度　★★★

比較対象が優秀なほど、「越えなければ」と思うハードルが高くなり、相対的に自分がダメな人間のように思えてくる、という法則があります。

あなたのモーレツ課長さんは、あなたの「消耗」の原因にもなっているし、次はどんなハードな課題が与えられるのかという「警戒」も、さらには、自分は課長の期待に応えられないダメなやつ、という「自己嫌悪」も刺激する人物です。

まさに本書がテーマとしている「ヤバイ」タイプの「一見、いい人」といえるでしょう。

その人の下で働きたいと思ったのは自分なのだから、がんばるしかない、と思っているうちに、あなたの低温やけどは進んでいきます。知らないうちに、疲れをためこんでいることが体調の異変としてあらわれているのです。

とるべき手段

あなたが今、倒れるかもしれない、という危機感まで抱いているということは、真剣に考えるべきタイミングだということ。上司にこのままついて行くのか、行かないのか、考えてみましょう。

優秀で、エネルギッシュな人のペースに合わせていっしょに走っていると、「今が大切！」「がんばりどきは、今なんだ」という思いにとらわれがちで、なかなか一人では結論を出せないものです。

カウンセラーのような第三者と話してみると、「今じゃなくて、あと50年、自分の人生は続くんだ」ということが素直に理解できたりします。

あなたのことをよく知っている友達が今の状況を見たらどう言うでしょうか。

「この先50年あるのに、ここで体も心も壊《こわ》してしまって、大切な自信も失って、どうするの？」「その課長さん、あなたが入院して会社やめることになったら、面倒見てくれるの？」ぐらいは言うかもしれません。そのような視点も一度持ってみると、少し離れた視点から自分のことを見つめることができます。

溺《おぼ》れている人は、近くに浮いている浮き輪をつかみ「これを手放すと私は死んでしまう」と思うもの。しかし、思い込みを外すと「あれ？　足つくじゃん」と気づいたりするのです。

疲弊するあまり、「自分にはこの浮き輪しかない」と、視野が大変狭《せば》まっている可能性もあります。第5章の「自分ケア」も行いながら、自分が大切にしたいこと、そのために何を優先するかについてじっくり考えてみましょう。

自分へ殺し文句

（この先、ほんとうに大切にしたいことはなんだろう）

パターン8

「彼女、疲れているみたいです〜」
秘密情報を吹聴して仕事を奪うスパイ女子

転職したてで心細《こころぼそ》かったとき、しきりと話を聞いてくれた先輩。飲みに誘ってもらったとき、つい心を許して、「前の職場ではこういう辛いことがあって心が折れてしまった」とか「失恋したばかり」とか、「同じ部署のあの人はちょっと前の彼に似ていてあまり好きになれない」などと、あれこれぶっちゃけて話してしまったのです。

でも、あるとき、別の同僚から「前の職場で、つらかったんだって？」「疲れているようだから仕事を回さないであげてって彼女に言われたんだけど、体調、大丈夫なの？」と言われたのです。

そして、先輩は私が担当する予定だった仕事をちゃっかり横取りしていたことも判明。うまく情報を引き出して利用された、という思いと、あれこれ言ってしまった秘密の話を誰かに言いふらされはしないか、という不安で、ビクビクしています。職場では人望が厚く、先輩のことを悪くは言えない状況。先輩が言っていた内容も私のことを気遣ってのことになっていますし、モヤモヤして、ストレスは強くなるばかり……。

そんなある日、先輩と2人で作業をしながら、仲良くしてくれているある男性同僚の話になりました。「あなた、まだ気づいていないかもしれないから言うんだけれど、あの人には気をつけたほうがいいわよ。実はね……」と、その男性同僚がいかに巧妙に他者を利用する利己的な人かを、多くの実例をつかって話すのです。

情報通の彼女しかしらないことだし、「その男性同僚はとても悪い人。先輩は私のことをとても心配して、いろいろ教えてくれるいい人」というイメージが出来上がってしまいました。

なんとなく、その男性同僚を避けるようになった頃、先輩がその人とペアを組んで楽しそうに仕事をしている姿を目撃しました。慌《あわ》てて、周囲の人に、男性同僚の話を聞いてみると、やはり当初私が受け取っていた印象のとおり、とてもいい人であるとのこと。逆に、先輩のことについて、「○○女史は、人を操作するから気をつけたほうがいいよ。僕は彼女とは話をしないことにしている。話をしていると、いつの間にか誰かの悪口を自然に吹き込まれてしまうからね」と忠告してくれたのです。もう、誰を信じていいのかわからなくなってきました。

▼内面情報という「エサ」を与えない

●苦しみの原因＝消耗　警戒　自己嫌悪

●危険度　★★★★

百戦錬磨《ひゃくせんれんま》のコミュニケーション術で情報を握る「情報操作系」の人、信頼できそうな印象であることを武器にして人の弱みを握るのがうまい人物ですね。対人スキルが高い、女性に多いタイプです。

人の気持ちに寄り添い、「私があなたを守ってあげる」という雰囲気で近づいてくるので、つい気を許して、あれこれ話してしまいます。

こういった人はまさに「一見、いい人」なので、初対面では、その本性に気づくことは不可能です。よく、「自分は絶対に詐欺には引っかからない！」という人がいますが、そういう人ほど、コロッと引っかかるのと同じ。警戒している人であっても、何度も繰り返しアプローチを受け、優しくされると、「この人は信用できる」と信じ込んでしまうのです。

秘密情報をたくさん握《にぎ》られることによる「警戒」、心を許してしまったという「自己嫌悪」、さらに、周囲にバラされるかもという不安からエネルギーを「消耗」しますから、その先輩の動向が絶えず気になってしまうのは当然といえます。

とるべき手段

こういう「一見、いい人」は、情報を引き出すという目的のために、自身の正体をとても上手に隠します。予防策をとることは難しい。また、このような人はコミュニケーション力が高いために人心掌握《じんしんしょうあく》が非常にうまいのです。もしも根も葉もないウワサを流されたとして、後から「あの人が言っていたのは嘘です」と火消しをしようとしても、彼女が吹聴《ふいちょう》した情報のほうを人は信じるために、効果は薄いでしょう。

ヤバイ人だと気づいたときからすぐ対処をすることが賢明です。今後、同じように「あなたのことを気遣っている」と近づき、「味方だよ」と共感姿勢を示してきても、さりげなく、でも毅然《きぜん》として距離をとりましょう。

オレオレ詐欺《さぎ》の場合は、怪しいと思った時点でとにかく電話を切ることが大切。それと同じように、なるべく相手との接点を物理的に少なくしましょう。顔を合わせそうなタイミングをずらし、話しかけられても長くは話をしない。他者の話になっても関心がないという対応をする。そして、あなたからは「情報を与えない」ということが大切です。相手の大好物である「人には知られたくない秘密情報」というエサを与えないことです。自分の悪口を言われる不安はあります。しかし、その人とかかわっている限り、ある程度は、自分のことをネタにされるのを予防することはできません。「他者をおとしめて自分が浮き上がる」というのが、その人のストレス対処法なのです。

ですから、噂に使われることはある程度、覚悟の上で、その人とは、適切な距離をとることです。このタイプの人は、かなりの強敵です。なによりも、「自分が洗脳されないことを一番大切にして」身を守りましょう。

殺し文句「今日、ちょっと急いでいるんです」

パターン9

「いっしょにがんばろう!」

正論しか通じない熱血ポジティブ上司

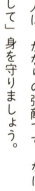

新規事業の準備チームに入ったのですが、リーダーが熱血かつポジティブ思考。その下にいる人たちもみな「彼はすごい」などと言ってリーダーに心酔しています。

有能なのは事実ですが、口から出る言葉がすべて正論。「お客様のために」とか「現時点でできる最善を尽《つ》くす」という言葉が口癖です。毎日、終電までの残業は当たり前。また、「このプランをもっと良くするために、週末も集まってアイディアを出しあおう」などと言い、みんなも楽しそうに、週末休まずに会社で仕事をしています。

私がつい「週末ぐらいは休みたい……」と口を滑《すべ》らせてしまったところ、上司だけでなくメンバー全員にあきれられてしまいました。「自分だけ、ついていけてないんだ」と思い、ショックを受けてしまったのと、周囲との関係もぎくしゃくして、どんどん仕事の意欲が落ちています。

▼「できません」と宣言しよう

●苦しみの原因 ＝ 消耗　警戒　自己嫌悪
●危険度 ★★★★

上司や周囲がエネルギーに満ちていて、前向き思考で、しかも実績を出している。そして、高い完成度を求める。確かに正論ですが、その波に乗っていけない人、また、心身が疲れている人は、そのような働き方ではますますエネルギーを「消耗」し、上司の指令が怖くて「警戒」します。言うなれば、全国優勝を続けているアスリート集団のチームに入ってしまった普通の人、という位置づけ。あなたとは価値観が違うから、会話が成り立たないのです。

誰かに「ひどい上司だ」と言いたくても、客観的にみると特に「ひどい」と断言できる面はない。どうしても「できない自分が悪い」という「自己嫌悪」に陥ります。大変だけど、みんなやっていることだから自分もがんばらなくてはと思う。業績を上げている職場で生き残れないと将来が不安だ、とも思い、足抜けできず、疲労を深める。

実は、このように前向きでエネルギッシュな人ばかりの職場では、疲れ果ててうつになり、カウンセリングに訪れるクライアントさんがたくさんいます。

とるべき手段

併走する人が早すぎると、オーバーペースとなり、無理が生じます。同じ課題に向かっていても、心身の疲労の進み具合は、人ぞれぞれ、はっきりと異なります。周囲が疲れていなさそうでも、自分は明らかに疲れているのだ、と自覚しましょう。第3段階の疲労にまで進むと、考え方が頑固になり、なかなか自分で決断したり、対処することが難しくなります。疲労を深める前に、上司と直接話をしてみましょう。

心身ともに追いつめられてしまったときには、きっぱりと「できません」と言うこと。なぜなら、「このプロジェクトは○○なので私には課題が大きすぎて……」など、こまごまとの理由をいうと「じゃあ、少し負荷《ふか》を減らせばできる」

「違う課題にすればできる」と、全て、相手の筋書きに書き換《か》えられ、説得されてしまう恐れがあるからです。

契約していた新聞を断るがごとく「もう、うちは、いりません、読みません」という気合いで意思表明しましょう。

心身共に壊れてしまっては元も子もありません。「課長はそう思うかもしれませんが、私は自分のペースでやらせていただきます」。しつこく理由を問われたら、「自分の人生は自分のペースで生きることに決めたからです」――行き過ぎのように聞こえるかもしれませんが、そのぐらいきっぱりと伝え、ディスカッションに持ち込まないことです。そのあと、チームを外れるかどうなるかは雇用主側との相談となるはずです。少なくとも、あなたが決意をすることで、今の疲労のループから抜け出し、前に進むことができます。

殺し文句「私は私のペースで生きることに決めました」

パターン10

「今の困難は成長のチャンスだよ」
滅入っている私をさらに追い込むコーチング上司

上司がコーチングにはまっています。部下を育てる、ということにこだわり、なにかというと「打ち合わせ」と称して個別に呼び出すのです。あるとき、やる気が落ちているのを見破《やぶ》られ、「キミが仕事において叶えたいのはどんなこと？」と聞かれたのですが、うまく答えられませんでした。

それからはターゲットになってしまい、「今、苦しいと思うけど、ここを乗り越えたらもっと成長できる」などとことあるごとに話しかけてきます。そう言われると、そんな気もしてきます。でも、ますます「私は仕事でなにをやりたいんだろう」と迷子になった気分になります。

▼「相談にのってくれる、別の上司」を見つけよう

●苦しみの原因＝消耗　警戒　自己嫌悪
●危険度　★★★★

皮肉にも、人を育てるためのコーチングによって、上司に潰される部下も多いのです。クライアントの話を聞いていて思うのは、「コーチング好きで、部下を成長させることにこだわりすぎる上司は、部下自身の元気度や苦痛度を見誤っている」ということ。

例えるなら、骨折して痛い、痛い、と苦しんでいる人に「筋トレをがんばると、こんなにパフォーマンスが上がるよ。ほら、やってごらん」という働きかけをし続けるような人がとても多いのです。

しかも、部下側の心のどこかにも、「成長したい」という意欲があるので、この上司の言うとおりにしなくては、と葛藤し、判断力が鈍ってしまいます。エネ

ルギーの「消耗」、上司の要求への「警戒」、パフォーマンスをあげられない自分への「自己嫌悪」が重なるパターンです。

とるべき手段

人は、疲れ切って弱ってしまうと、「この課題は自分には荷が重い」という判断ができなくなります。元気なときならできた課題かもしれないけれど、今はとてもその状態ではない。しかし、コーチング好きな上司だと「考え方次第で、できるはずだ」と追い込んできます。

あなたの疲労レベルを客観視できる人は身の回りにいますか？　たとえば、産業医に相談してみると、あなたの体調を客観的に判断し、上司に説明をしてくれるかもしれません。

私が最近、若い世代の人によく言うのは、「仕事を教えてくれる上司と、相談ができる上司、2タイプを選んでおこう。そして、ちょくちょく挨拶をして近況報告するなど、礼を尽くしておこう」ということです。

社内を見渡してみると、違う部署であっても経験豊富で、なるほどというようなアドバイスをくれる人物は必ずいるものです。そういった人に「元気なときのあなた」を知っておいてもらうと、疲れてしまったときにも適切なアドバイスをもらえるはずです。

殺し文句

「今は成長よりも、ペースをゆるめてみたいと思うんです」

パターン11

「世の中を良くしていかなくちゃ」

抜けるのが難しい社会貢献仲間

知り合いのAさんに声をかけられ、社会貢献のクラウドファンディングを一緒に立ち上げました。はじめは、何らかの力になろうという程度の気持ちでいたのですが、いつのまにか主要メンバーの一人にされていました。週末は必ず活動のために朝から晩まで拘束《こうそく》され、平日も夜はいろいろな事務作業をしていて、疲れがたまって自分の仕事に身が入らない状態になっています。

今、その活動がますます忙しくなっている状況の中、「私、抜けちゃおうかな……」と冗談のようにリーダーに話したら、急に真顔で「裏切る気？」と詰め寄られ、そこはなんとか笑ってごまかしましたが、それ以降は何も言えなくなってしまいました。世の中のために、自分はもっとがんばらなければいけないのではないか、という自責感もあります。

▼あなたの選択を肯定してくれる人を見つけよう

●苦しみの原因＝消耗　警戒　自己嫌悪

●危険度　★★★★

世の中を変えるために、という使命感でがんばる、それ自体はとても素晴らしいことですが、その組織の中で正論が強くなりすぎると、他者の意見を受け容れない傾向になってしまうことがあります。

一方にとっての正論も、もう一方にとっては重圧となることがあります。「余裕のあるときにやろう」というぐらいの気持ちで参加したけれど、途中から疲れてしまったあなたが「抜ける」とは言いにくい空気であることは推測できます。でも、あなたは今、本業に支障が出ているぐらい、「消耗」状態にあるのですね。

今後、ますます自分に負荷がかかるのではないかという「警戒」もある。さらに、このような社会貢献《こうけん》系の活動の場合、抜けようとすると「いっしょにがんばろう」「がんばっている私たちを見捨てて自分の利益をとるの？」と責められるような気がして、苦しくなるのです。

実際、そうは言われないかもしれないけれど、「言われるのではないか」というプレッシャーを感じ、あなたは「自己嫌悪」を強めています。

とるべき手段

　状況から、「もう辞めたい」という気持ちが変わらないのであれば、相手から離れることが賢明でしょう。このような場合は、何らかの理由があると本人も周囲も納得しやすいものです。本当の理由ではなくても〝それらしい〟ものであればいいのです。「嘘も方便《ほうべん》」。昔からよく使われる、家族の病気とか、体調が悪いといったこと、つまり相手がそれ以上言い返すことができない理由を挙げて断ることです。

　いざ、離れた後にも「これでよかったのかな」と後悔したり、自責感が起こることがあるかもしれません。そのようなときこそ、人の力を借りましょう。

　あなたの選択を認めてくれる仲間を得ておくことで、「それでよかったんだよ」と言われると納得できるでしょう。これも心を収めるために、とても必要なケアとなります。また、状況が変わったり、元気を取り戻してから、「なにかができそうだ」と思ったときに再挑戦すればいいのです。

殺し文句「また余裕ができたら参加するね」

パターン12

「キミしかいないんだ!」

天才肌だが振り回してくる人たらし上司

「どこからそんなアイデアが生まれるの!」と驚くようなアイデアを生み出したり、プレゼン力もすごい〝神〟上司。何回か打ち合わせに同席して気に入られ、同じプロジェクトで働くことになりました。自分の仕事はその上司が苦手とする分野なので、社内ヘッドハンティングされた形でした。でも、実際に一緒に働いてわかったのは、その上司は気分の波がとても激しく、低空飛行のときには理不尽にイライラをぶつけてくるということ。あるとき、仕事がうまく進まないのは私のせいだ、と名指しされたことがあり、それ以降、すごく苦しいです。

けっこうしんどい、と同僚に相談しても「あの〝神〟の下で働けるんだから、うらやましいよ」と言われて共感してもらえません。調子のいいときには「キミしかいない」「本質を一番わかっている」「しかるべきポストを用意する」などと褒めてくれるときもあり、そういう言葉を聞くとうれしくて「がんばろう」と思ってしまいます。

▼DVの構造と似ていることを自覚して

●苦しみの原因＝消耗　警戒　自己嫌悪

●危険度　★★★★★

魅力的で、才能があって、ちょっとダメな人。天才肌で人を惹きつける人たらし。上司はまさにそういうタイプでしょう。芸術家やエンジニア、クリエーター、起業家などにも多い。才能が突出している部分がある反面、ダメなところもあり、その魅力に惹きつけられた人は「私がそばにいなければ」と、がんばりすぎてしまうのです。相手もそうやって自分をフォローしてくれる人を直感的に見抜き、好意的にアプローチします。

欠けている部分、補う部分がぴったり合っていれば良いのですが、互いにオーバーワークになってくると、人たらしタイプの人も人間ですからそばにいる人を攻撃したり、うまくいかない理由をその人のせいにしたりします。

当然ながら、攻撃された側は、普通の人に傷つけられたときの何倍ものダメージを受けます。魅力に惹きつけられた部分とのギャップが大きいからです。「消耗」し、相手の言動に一喜《いっき》一憂《いちゆう》して「警戒」し、相手の期待に応えられない自分を「自己嫌悪」もする。危険度は、今回紹介した12タイプの中で最も深刻なタイプです。

とるべき手段

実はこのようなケースは、DV（家庭内暴力）とよく似た構造をしているのです。

DVの加害者も、職場では、「一見、いい人」であることが少なくありません。おそらく、社会的プレッシャーがある環境では、怒りをコントロールすることができるのでしょう。しかし、たまたまストレスが大きくなったり、日ごろのイライラを我慢しているうちに消耗してきたりすると、その怒りを身内に向けてしまうのです。

ただ、この構造だけなら、「ダメな人」というだけのこと。暴力でなくても、金遣《かねづか》いが荒い、アルコール濫用《らんよう》、働かない、裏切る……など、いろんなダメな人がいます。そして、被害が大きくなれば、被害を受けている人は加害者から離れていきます。

ところが、DVをされているのに、その人から離れられない、いえ、離れない人が案外多いのです。離れないから、DVの被害が深刻になってしまいがちです。端《はし》から見ていたら、そんなにひどい人からどうして離れないのかが理解できません。

ただ、カウンセリングなどでDVの被害者によくよくその心理を聞いてみると、次のような要素があるのです。

一つは、人間的魅力です。芸術やスポーツ、文才、起業、ギャンブルなどの才能がある。カッコいい、優しい、気配りしてくれる、というのも、大きな魅力です。

もう一つは、弱さを秘めていることです。体や心に傷つきやすさをはらんでいる。

すると、被害者は、いくつかの心理状態に陥《おちい》りやすくなります。

まず多いのは、私がこの人を守ってあげなければという母性愛的なもの。私しかこの人を救うことができない、私が見捨てたら、この人は死んでしまう……という感じです。一種の使命感のようなものさえ感じます。

もう一つは、ギャップによる安心感。あんなにひどい暴力をふるった後、とても優しく、私だけを見てくれる。魅力の大きい人を独占できる安心感です。DVをする人が浮気性であるようなときには、DVという行為そのものも、暴力の対象に自分が「選ばれている」ということ。少しうれしい部分がある、と言ったクライアントもいます。

人たらし上司の場合も、いろんな苦労はさせられるものの、あなたにとってはどこか抗《あらが》いがたい魅力をそなえているのかもしれません。

オーバーワークになったときにあなたを責める上司は、「被害者モード」になっています。自分はこんなにがんばっているのに部下は仕事に手抜きをした、つまり、「自分は攻撃を受けた」と思っています。だから本気で攻撃をしてくるのですが、感情がおさまってくると、いつものその人に戻り、「君のことを思っているんだ」「ごめんね」と謝ったりもする。あなた自身も、「もうこのすばらしい人に愛想《あいそ》を尽かされたかも……」と不安になっていたのが、そう言われると安心できる。やっぱり、つらくてもこの人についていこう（行きたい）という思いが強まってしまう。だから、逃れられなくなるのです。まさにＤＶの構造と似ているのです。

自分の我慢が足りないからだ、という思考から抜け出して、あなたは自分の苦しみにしっかり目を向けること。十分苦しんだから、逃げていい、と判断したら、距離をとりましょう。
このとき、心身の疲れのレベルが進んでいると、「会社を辞めるしか道はない」と極端な思考になりがちなので、注意が必要です。いったんお休みをして、冷静さを取り戻してから、「人たらし」と良い距離感が取れるポストへの配置換えのお願いをしてみるなど、じっくりと方法を考えてみましょう。

自分へ殺し文句
（私は人間。あの人の都合のいい道具じゃない！）

第5章

「一見、いい人」に振り回されないための5つの自分ケア

消耗・警戒・自己嫌悪を順にケアしよう

いよいよ、最終章の第5章です。

最後の総仕上げとして、あなたがこれまで「一見、いい人」と接する際にじわじわとダメージを受けてきた、「消耗苦」「警戒苦」「自己嫌悪苦」の3つにアプローチしていきます。私は現代人が心の疲れをとり、心の軸をしっかりと定め直すプロセスを進めるための基本的手順を「感情のケアプログラム」としてまとめていますが、ここではそのいくつかを紹介したいと思います。「一見、いい人」との対人トラブルがきっかけとなり、このようなケアを行うことには、じつは、日々起こる大小さまざまなストレスに対しても「悩みすぎなくなる」という御利益があります。体質改善的な力を発揮するのです。

ちなみに、第5章のケアはすべて、第4章でお伝えした12パターンの、どのパターンの悩みにも共通して有効です。

ケアのためのワークは全部で5つ。

まずはあなたのエネルギーを取り戻すために「休む」こと。

次に、日々の感情の発生源＝「一見、いい人」から距離をとって冷静になり、感情に少しずつ触れ、認めて、相手との関係性をいろいろな角度からとらえ直す、というプロセスで進めていきます。これが、生々しい感情を取り扱う基本手順となります。


大切なことは、どのケアも、ただ文章を目で追うだけで終わらせない、ということ。頭で理解してわかった気にならず、**実際にやってみて、そのときの、自分の心の動きをじっくりと観察してみてください。**繰り返し実践することによって、一つひとつがあなた自身の「本当に使えるツール」になっていきます。

ご紹介する方法はすべて、私自身がクライアントさんに実践してもらい、効果があると実感したものばかりです。

自分の疲れを「甘くみて」いないか

まずは、「消耗」にアプローチしましょう。

本書では、「一見、いい人」がいかにあなたのエネルギーを奪っているか、そのストレスがあなたの大切な活動エネルギー、思考エネルギーを奪って「消耗」を加速させているか、ということについて繰り返しお話ししてきました。

人は、自分の疲れを「甘くみる」傾向にあります。

カウンセリングをしていると、「**休みが必要な人ほど、休みを取りたがらない**」、という法則があることに気づきます。

元気なうちには、「よし、休もう♪」と、軽い気持ちで休みをとることができるのに、心身が弱ってくると「ここで自分が休んだら人に迷惑をかける」「居場所がなくなる」「今、がんばってギリギリなんとかやっているのに、休んでしまったら自分がダメだと認めなくてはいけなくなる」——こんなふうに、切羽詰《せっぱ》まってくるゆえに、休めなくなるのです。

ストレスはヘドロのように沈殿する

ここで、ストレスを「穴の開いたコップ」に例えてみましょう。

あなたが遭遇するストレスは、細かい穴の開いたコップに日々注がれているようなものです。入ってくるストレスは泥水《でいすい》のような状態。水の部分はコップの横穴から抜けていきますが、泥や小石はだんだん底にたまってきます。年数とともに、**一番底の部分はコンクリートのようにガチガチの状態に。**その上の層も、ヘドロのように粘性《ねんせい》を持っています。

このように、長年のストレスがコップの底の部分からどんどん堆積《たいせき》してくると、コップにためることができるストレスの量も減り、外から少しのストレスが入ってきただけで、コップがあふれてしまう状態になってしまいます。ささいなことでカッとしたり、冷静な判断ができなくなる、つまり心が破綻《はたん》しやすい状態になってくる、これが第3章で説明した、「疲労の第2段階」の状態です（75ページ）。ちなみに疲労の第3段階は、コップから水があふれ出している状態です。

コップの層にあるストレスの正体について説明しましょう。

一番底でガチガチに固まっているコンクリート状のものは、「10年もの」のストレス。トラウマ的なショックな出来事、じわじわ蓄積《ちくせき》した更年期や生活習慣病などによる不調、老化など。生きているかぎり、避けようがないものも含まれますが、**それによって日々、エネルギーを奪われ続けていることは事実**です。

下から2番目の層は、「1年もの」。職場での人間関係、家庭内のトラブルなど、日常の中で起こる大小のストレスによる疲労は「1年もの」のヘドロとして、ベットリと固まり始めています。

一番上にある層が「3カ月もの」。出張の疲れや、ここ最近続いてきた対人トラブル、仕事でうまくいかなかったこと、少し先にある課題のプレッシャーなど。これらも、積み重なると、次第に「1年もの」の層に降りていきます。

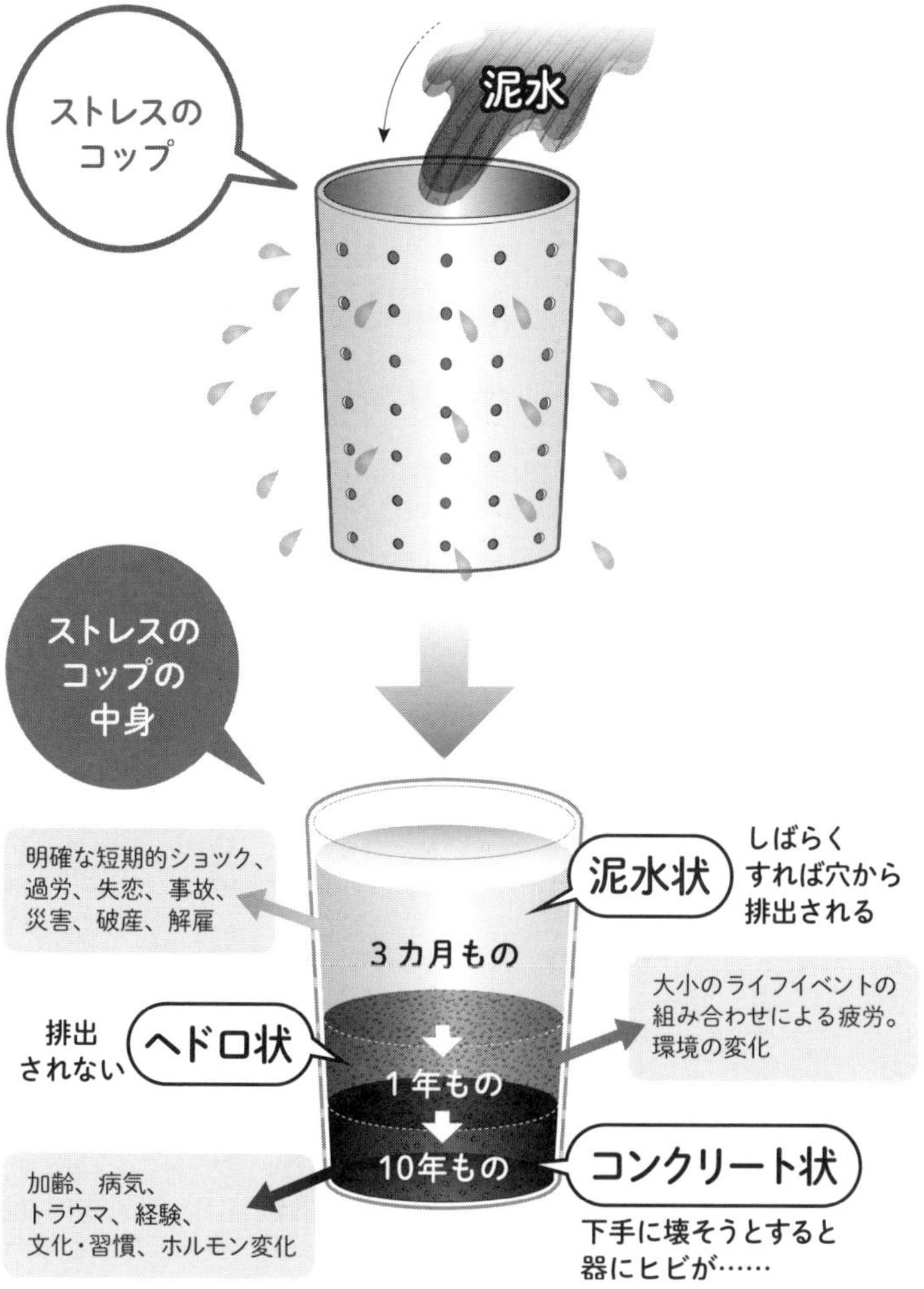
ストレスのコップ
泥水
ストレスのコップの中身
明確な短期的ショック、過労、失恋、事故、災害、破産、解雇
泥水状
しばらくすれば穴から排出される
3カ月もの
大小のライフイベントの組み合わせによる疲労。環境の変化
排出されない
ヘドロ状
1年もの
10年もの
コンクリート状
加齢、病気、トラウマ、経験、文化・習慣、ホルモン変化
下手に壊そうとすると器にヒビが……

ストレスのコップがあふれてしまった、あるいは、あふれそうなとき、私たちは必死に対処をしようとします。しかし、大切なのは、そのストレスの主体を見極めること。そうしないと、うまくいかないのです。

例えば、**「3カ月もの」のストレスが主体である場合は、つらいと感じているそのストレス源から離れたり、ある程度の時間をおけば、泥水状のストレスはコップの横穴から抜けていき、コップの水位は下がっていきます**。ストレス源から心を離すために、カラオケやスポーツなどのストレス解消法も効果的でしょう。

ところが、「1年もの」がコップの主体を占めている場合は、そうはいきません。「1年もの」のストレスの中身は、日々の過労によりじわじわと蓄積した疲労なので、本人も明確に「これがストレスだ」と気がつかない場合が多いのです。

また、疲労の総量がすでに第2段階に到達しているような場合、スポーツや弾丸旅行などの発散系のストレス解消をすると、それに「疲れ」が上乗《うわの》せされ、さらなる消耗の悪循環に陥る傾向があります。

「1年もの」への基本対処は、「休養すること」。ヘドロ状のストレスは、コップの横穴からは流れていきません。これを流すには、コップを倒してしばらく横にしたままにしておかなければならないのです。具体的には、ある程度の時間、お休みすることが必要になります。178ページの「STEP 1」で、第2段階での具体的な休み方をご紹介します。

ちなみに、「10年もの」のストレスによってコップが半分以上埋まっている場合、少しのストレスが加わるだけで、あふれやすい状態が続いています。

「10年もの」のテーマは、本人も長年悩んでいるテーマなので、「根本的に解決したい！」と強く思うのですが、相手はなんといってもコンクリート状。もしも無理に壊《こわ》そうとすると、コップにひびが入ってしまう恐れもあります。「10年もの」が多くを占める場合でも、対処しやすいのはその上にたまっている「1年もの」、「3カ月もの」です。「10年もの」は「変えられないもの」、「1年もの」「3カ月もの」は「変えられるもの」、と認識しましょう。

うつっぽくなっているけれど「状況が許しません。少ししか休めません！」と抗う人は、疲労がいかに自分にダメージを与えているかを理解できていないのです。がんばればなんとかなる、と思い込んでいます。

そんなとき、私はこのストレスのコップのたとえ話をして、「しっかり休む必要性」をお伝えすることにしています。

STEP 1 「3日間、集中して休む」

疲れてもうクタクタ！　そんな疲労感以外でも、眠れない、仕事がはかどらない、決断できない、体の不調が続いている、罪悪感がある、責められているような気がする、というときには、最優先で「休む」ことが必要です。

特に、「このぐらいの苦しさで休んではいけない」とか**「いま休んだら、もっと仕事がきつくなる、立場が悪くなってしまう」などという考えが出ていたら、うつ状態特有の思い込み**です。

うつっぽくなってくると、**「自分は人から理解されていない」「自分ばっかりつらい思いをしている」**という被害者意識が大きくなるため、「一見、いい人」との関係もさらにギクシャクしてきてしまいます。このようなときには、自分をケアすることを最優先にしましょう。

休むことこそ、最短かつ最強の自分の心のケアになります。

休むときに大切なのは、休息を妨げる「人」や「仕事」からしっかり離れることです。

◎3日間、集中休養のルール

・ひたすら眠る。目が覚めてもベッドに横になってダラダラする
・TVやDVDは観ない。本や雑誌も読まない。ゲームもしない。
・パソコンの電源を入れない。スマホも極力見ない。
・家事は一切しない。食事は出前をとるか、レンジで温めるだけのものなど調理が必要ないものを事前に買い込む。

こんなふうにダラダラしていいのか、と思うかもしれません。あるいは、「楽

しいことをしてリフレッシュすれば元気になれるはず」と飲みに行ったり旅行に出かけたりする人もいるかもしれません。

しかし、ある程度年齢を重ねた人は、そのような〝**はしゃぎ系**〟**のストレス解消を行なうと、かえってさらに疲れを積み重ねることになりがち**です。

心身をリセットするための「**おうち入院**」なのだ、と心を決めて、お休みしましょう。家族がいるなどして休みに集中できない場合は、必要経費だと割り切って、ビジネスホテルなどでこの集中休養を実践することをおすすめします。

『ドラえもん』ののび太は、ドラえもんのひみつ道具を使って一日ぐうたらすることが許される「**ぐうたら感謝の日**」を定めました。あなたも、「今日はぐうたら感謝の日だ！」と思えば、ゆったり休む気持ちになるかもしれません。

そうやってしっかり「休んだ」あとの頭のすっきり感、体の心地よさ、楽になった感じを、どうぞしっかりと味わってください。

「警戒」モードは「感情を否定」すると悪化する

「消耗」への対処をいったん終えたら、「一見、いい人」とのトラブルでダメージを受けたあなたの感情に触れ、認める作業も行ないましょう。

私の負担をまた増やすのではないか、なにか狙いがあるのではないか、私を傷つけるのではないか。そんな「警戒アンテナ」が誰かに対して発動しやすい状態にあるとき、なにがその警戒モードを悪化させると思いますか？　「その感情にフタをしようとすること」です。

あなたの心の中にある、自分を責める存在。それは、理屈で感情を説《と》き伏《ふ》せようとする「理性」（63ページ）でもあり、努力と我慢を強いる「子どもの心の強さ」（107ページ）でもあります。

そんなことを思ってはダメ、もっと努力すればいいだけの話、あんないい人を嫌うなんて間違っている――そんなふうに責めるのは、「子どもの心の強さ」を使いすぎているからです。感情に触れることが怖いゆえの働きです。

私が心理幹部として隊員の心のケアを行ってきた自衛隊では、災害などが起こったときには現場にすぐ向かい、救援活動にあたります。

ただ、その任務は過酷《かこく》であることが多く、また、訓練中の事故や同僚の自殺など、ショックな出来事に直面することも皆無ではありません。

そんなとき、私は隊員たちに「苦しい気持ちは決して否定せず、まずは認めることが大切です」と、一貫して伝えてきました。

第2章でもお伝えしたとおり、あなたも日々の生活の中で、悲しみ、怒り、不安などさまざまな感情に振り回されることがあります。しかし、それらの感情はあなたを守るために存在しているのです。

STEP 2 気持ちをその場でクールダウンする「ありがとう瞑想」

イラッとしたとき、傷ついて心がズキンとしたときは「警戒アンテナ」がピンと立つ瞬間です。原始人モードで考えてみましょう。相手の姿（猛獣）を見ている限り、警戒アンテナは引っ込みません。近くにいるかぎり、緊張して疲れてしまいます。

ビジネスの現場などでは、トラブルが起こったときは「瞬時に対応」「すぐ連絡を！」というモードになるものです。

しかし、実は、急な出来事に感情が高ぶっているときにすぐ動くのは、さらなる失敗のもと。冷静さを失っていて、**対人トラブルであれば「売り言葉に買い言葉」が起こりやすい。**ミスの原因をめぐって「誰が悪いんだ！」「私が悪いんです。もう辞めます」といった不毛な言い争いが起こり、後から考えたら「なんであんなことに……」という事態になりやすいのです。

自衛隊では、予期せぬトラブルがしょっちゅう発生します。人命がかかっているときはもちろんすぐに動きますが、10分早く出ようが出まいが大差はない、というときは、「落ち着く」ことを最優先にします。

江戸の火消しの長は、現場に到着したらまずその火でたばこを吹かしていた、という言い伝えが残っています。というのも、素人は目の前のことしか見ないけれど、本当のプロは、火がまわる風向きや、水路はどこにあるか、家屋のどこを壊せばいいかなど、全体像を見渡してから行動をするからだそうです。

警戒アンテナが立ったら、まずは、可能な限り、その場や相手から離れましょう。職場であれば、トイレに立つぐらいはできるでしょう。そして、3分間でできる、「ありがとう瞑想《めいそう》」を行ないます。

◎ありがとう瞑想

・深呼吸を大きく、3回おこなう

・普通の呼吸に戻し、その呼吸に意識を向ける

・いま感じているストレスフルな出来事、イラ立ちなどが頭にめぐってきたら、**その感情は自分を守るために発動していることを思い出し、「ありがとう」とつぶやく**

・呼吸に意識を戻す

・**また感情がめぐってきたらそのたびに「ありがとう。でも今は、私は呼吸に戻るよ」と言って、呼吸に意識を戻す**

呼吸の仕方は、あなたの心地よい、やりやすい方法でかまいません。

呼吸に意識を向けるには、鼻の穴を出入りする空気を観察してもよいし、お腹のふくらみを観察してもいいでしょう。呼吸の数をただ「数える」のでもかまいません。

「ありがとう」とつぶやくときには、浮かんだ感情を否定せず、変えようともしないこと。別に心の底から「ありがとう」と言えなくてもいいのです。ありがとう、という言葉によって被害者意識から感情を「そらす」のです。

すると、感情を否定しなくてすむし、そういう感情を抱いた自分のことも否定しなくてよくなります。呼吸に集中することで、相手への感情が加速し暴走することも予防できます。

私自身も、イライラすると、我ながらとても偏《かたよ》ったものの見方になっている、と実感します。

「あの人は自分を陥れようとしている」などと思い始めたことに気づいたら、「ありがとう瞑想」をすることにしています。落ち着いてくると、「あんなこと考えてしまったけれど、そうじゃない可能性のほうがずいぶん大きかったな」と気づいて、笑ってしまいます。

「ありがとう瞑想」は、寝る前に体のすみずみに意識を向け、脱力しながらおこなうと、心身のストレスほぐしにも役立ちます。ぜひ、習慣にしてみてください。

STEP 3　すべての気持ちを認める「こころの会議」

「ありがとう瞑想」で気持ちが少しクールダウンしたら、感情を言葉に置き換えて、認める作業。「こころの会議」を行ないます。

ポイントは、気持ちが落ち着いてから行なうこと。**怒りも不安も、警戒心も、その感情の勢いが強いときには、その感情のメインテーマばかりを「考えろ、考えろ」「行動しろ」と言ってきます。**そして、あなたに考えさせるために、**「最悪の事態」を訴えかけてくる**のです。

たとえば恋愛中は、感情の勢いが強くなります。恋人とうまくいっていない不安感が強くなると、「別れ話を切り出されるに違いない」ということばかり考え、相手の暗い表情や予想される台詞《せりふ》ばかりをシミュレーションします。そうならないための改善案にまで、頭が回らないのです。

考えに考えたら結論が出るはず、と、頭がいい人ほど思うものですが、まずは相手から離れたり、呼吸を繰り返す、という手段をとり、感情の勢いを鎮《しず》めること。「他の作業に取り組めるようになったな」、「いったん、あのことは忘れてもいいかな」と思えたときに、「こころの会議」を開きます。

どんな感情もダメなものは何一つない、自分を守るためなんだよ、とバランスよく自分自身を認める「大人の心の強さ」を身につけるために行ないたいのが、「こころの会議」です。

◎こころの会議

・もう疲れた、なんで認めてもらえないんだろう、イライラする、そんな「弱い」と思っている自分の気持ちを**すべて**書き出してみる。

・同じように、「自分がダメだから」と責めたり、「気持ちを切り替えよう」と、平気なふりをして強がる気持ちについても**すべて**書き出して「そうするしかなかったんだもんね」と許す。どの気持ちの言い分も、ひいきせずに聞いてやる（認める）のがこころの会議のポイント。

・「気持ちを認める」のは、「それに同意して即、行動する」ということではない。あくまでも意見として聞いて、「行動」は、全員の意見をきちんと聞いた後に決めていく。つまり、「心の中の民主主義的プロセス」を大切にする。

●こころの会議を開こう

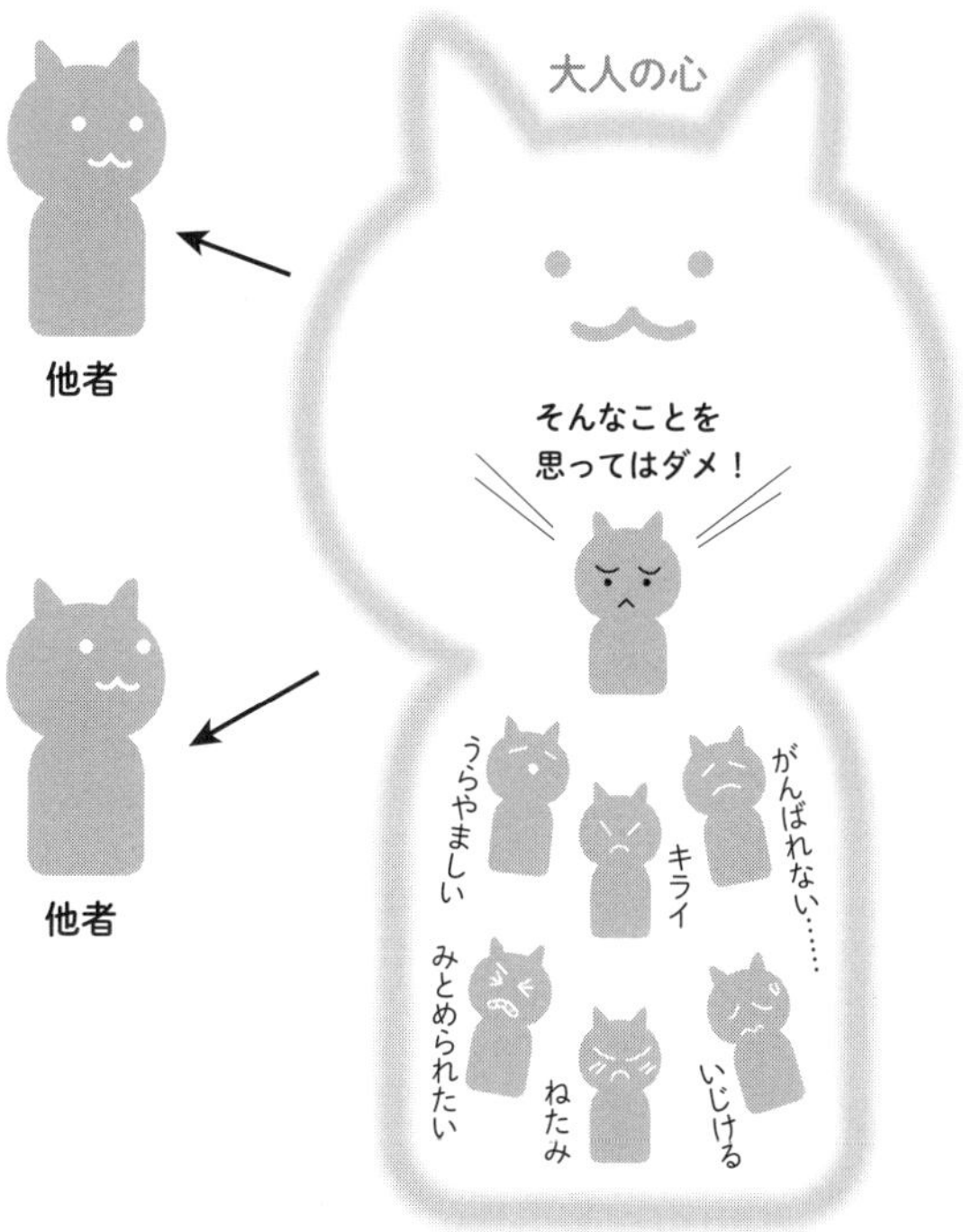

自分の中にあるすべての感情を書き出してみよう。
無理をさせようとしていた感情、苦しい感情、すべてを包み込んで「大丈夫、なんとかなるものだよ」と言えるのが、「大人の心の強さ」。

一度に感情がすべて出そろうわけではありません。他の感情が隠れていないかな？　と一つひとつの、自分の大切な気持ちをゆっくり掘り下げていくことで、奥の奥にある、意外な感情を見つけることもあります。隠れていた感情に気づくことで、あなたの心は軽くなっていくでしょう。

こうやって気持ちを取り出すことによって、「ストレスのコップ」（175ページ）の中に蓄積する、ヘドロのようなストレスの量が減ります。

認めたくない感情があると、人は、気晴らしをしたり、忘れようとして、「なかったこと」にしたがるものです。しかし、そのままだと、「自分はダメだ」と思った気持ちそのものを封印したことになります。どこかで「自分は逃げた」と認識している場合もあります。

だからこそ、「私は一つひとつの出来事に対処している」、と自信を取り戻すために必要なのが「こころの会議」なのです。

STEP 4 「自己嫌悪」のケアは「7つの視点」で視野を広げる

次に行ないたいのが、「自己嫌悪する気持ち」のケアに効果的な「7つの視点」です。

このワークもまた、ある程度、感情の勢いが鎮まってきたときに行なうのがポイントです。起こったトラブルを見つめ直すというプロセスを進めます。

感情は、原始人的な感覚でものごとを見るために、どうしても大げさに働き、視点を偏らせる性質がある、ということは何度かお話ししました。

感情は視点を偏らせ、「わかっているつもり」で結論を出します。たとえば、怒りの感情は「相手は邪悪でまちがえている。相手は私を攻撃してくる。だから反撃せよ！」と命令を出します。しかし、それは同時に、原始人的には、命がけの戦いを想定しなければならない怖いことでもあります。結局、戦闘を避けるような思考、「私が悪かったんだから」「もっとがんばればいい」あるいは「全てはあの人のせい」といった結論が出てきて、ブレーキをかけます。

しかし、それでは、いつまでも、「この問題を解決できない自分」を責める、というループから脱することができません。

まずは心の会議であなたの全ての意見を聞いてください。すると少し視点がゆるんできます。このタイミングで次は「視点」を変えてみます。

思い切って、視点を大きく変えないことには、「自分の気持ちが偏っている」ことに気づくことができない。自分が書いた文章のミスを自分では見つけにくいのと同じです。

そこで意識的に、ドローンをあちこちに飛ばすように出来事を見つめてみるのが「7つの視点」です。

◎「7つの視点」

1 自分視点

自分というキーワードで、思いつくことを考える。

まずは「○○だよね（感情を認める）」。「何をしようとしているのだっけ？（目的）」、「疲れていない？（体調・蓄積疲労）」と、自分に問いかける。

2 相手視点

相手の立場から考察してみる。

「彼はあのとき何をしていた？」「あれから何をするところだった？」「何を伝えたかった？」「彼は何が不安？」。相手の立場に立とうとするだけで腹が立つときは、中断して「ありがとう瞑想」に戻る。

3 第三者視点

感情は、自分と相手のことだけに意識を向けさせようとする。

そこで「他の人が見たら、どう見える？」など、第三者の立場から見てみる。

4 宇宙視点

空間的に視野を広げてみる。

「グーグルマップのようにグーンとひいて、今のトラブルを見たら？」「宇宙人から見たら、この出来事はどう見える？」思っていたよりも、とても小さな人間関係であったことに気づくことも。

5 時間視点

「1カ月後はどうなってる？」「1年後はどう？」など時間軸でとらえてみる。

感情は今のことに集中しているが、時間的な視野を広げると、違う見方ができることも。

6 感謝視点

感情は出来事を、悲惨で重大なこと、ととらえている。

あえて「この出来事に感謝できるとすれば？」という見方をする。「今の時点で相手の性格がわかってラッキーだったかも」など、被害者意識がゆるむことがある。ただし、無理矢理に感謝しようとすると自責感が高まることがあるので、無理はしない。

7 ユーモア視点

「コントにするとすれば？」「川柳《せんりゅう》にできないかな」など、クスッと笑える出来事になるように考えてみる。

すべての視点をうまくイメージしなければならない、というものではありません。自分にとって使いやすい視点、そうでない視点があって当然です。

考えてみて、もし視点が広がって、物事の見え方の角度が少し変わったかも……そのぐらいの変化が起これば、大成功です。

STEP 5 「7〜3バランス」で「ほどほどに満足」できる私になる

人は、どんな問題に対処するときでも、「本当はこんなことはしたくなかった。でも、追い込まれた結果、この状況に甘んじている」という「追い詰められ感」を持つと、苦しみがいっそう大きくなります。

不当な我慢を強いられている気持ちになり、エネルギーを消耗していくのです。

逆に考えれば、「自分が選んだのだ」という感覚を持つことができると、苦しみはグンと減ります。

そこで効果を発揮するのが「7〜3バランス」です。

たとえば「一見、いい人」でやってみましょう。

苦手なあの人とまったく関係を持たないことを「0」、密につきあう状態を「10」とします。

あなたは、その関係を「0」にしたいのにそうならないことにイライラしているのかもしれません。そこで、その間の「7から3」を考えてみる、というのが「7〜3バランス」です。

一日のうち1時間だけ自分だけの時間を作って相手の存在を心から追い出す、お昼のランチはきっぱりと断る、同じ部署だけど直属の上司を変えてもらう、ちょっとダメ出しされても「いつものことだ」と思うことにする、など。

考えつくかぎりのやり方を並べてみて、互いの距離感が「7から3」の間におさまるよう考えてみるのです。どれも、いまの苦しみをすぐに完全にゼロにできるものではありませんが、少なくとも、苦しみのレベルはいくぶん下がります。

極端な選択ではないぶん、ハードルが低く、行動にも移しやすいのが、「7から3」の特徴です。

「7〜3バランス」とはつまり、「苦しみの担《かつ》ぎ方を変える」ことです。

重たい荷物を持っていて疲れてきたら、その荷物を放り出すか、担ぎ続けるかという選択肢しかないわけではありません。担ぎ方を変えてみるのです。

右の肩が痛くなったら、左の肩で担ぐ。それでも疲れたら背負ってみる、抱きかかえたり、持ち方を変えてみる。ちょっと地面に置いてから、また抱えてみる。すると、荷物の重さは変わらなくても、少し軽いと感じたり、歩きやすくなったりします。

これは問題を100パーセント解決できるやり方ではありませんが、少なくとも、思い通りにはいかない人生を生きる上で役立つ思考法であることは間違いありません。

苦しいけれど、この苦しみの中でどうやって生きていくかは自分で選んだのだ、と認識できていれば、心は確実に軽くなります。

「悩みすぎる体質」は変えていける

私自身、カウンセラーとしてまだ駆け出しのころは、クライアントに振り回され、クライアントのことを嫌いになったり、そんな自分を責めたことも数多くありました。

それでも今はどんな人のお話であっても、すっと聞くことができるようになりました。そこには、私自身の価値観の修正があったと思います。

私のカウンセリングの価値観を大きく変えたのは、「人の言動にはそれなりの理由がある」という気づきでした。

仕事ができない、周囲に悪態《あくたい》をついている、周囲の人に疎んじられている人がいます。「一見、いい人」だけど、本当は裏の顔を持っている、というような人の場合も、そういった「嫌だな」という側面がクローズアップされているかもしれません。

しかし、カウンセラーとして、よくよく本人の話を聞いてみると、そこに至ったそれぞれの経緯や事情が必ずあるのです。本人も、自分がなぜそうなってしまったのかわからない、ということが多々あります。疲れ果《は》て、自信をなくしているときには、自分がどうして感情をコントロールできないのかもわからなくなってしまうのが人間の現実です。

エネルギーをなるべく温存《おんぞん》したい、という「個の保存」と、仲間を助けたい、迷惑をかけたくない、という「種の保存」の欲求のはざまで現代人の苦しみは大きくなります。すると、行動がちぐはぐになり、対人トラブルを起こします。でも、しっかりと話を聞いてみると、それぞれの人が「必死にがんばって生きている」という真実に気づくのです。


幸いにして私はまだ、「100パーセント悪意で行動している」という人と会っていません。

もしかしたらこの世の中にはそういう人も存在するのかもしれませんが、私の感覚としては依然《いぜん》として、「人は愛するべき存在」「憎めない存在」です。

もちろん、問題行動を容認するわけではなく、危害を与える人からはしっかりと距離をとるべきですが、少なくとも、「それなりの理由はある、みんなそれぞれが生きる上で、必死で築き上げた結果、いまのキャラクターや不器用な生き方が形成されているのだ」という目で人を見るようにしています。

人にとって一番怖いのは、人間。だから、人間関係の疲れは、本当にこたえるものです。

残念ながら、「悩まない体質」になることはできません。ただ、やり方次第で、「悩みすぎる体質」からは卒業していくことができます。

感情と同じように、苦しみにも「命の危機を知らせる」という役割があります。だから、命ある限り、苦しみと決別することはできません。「苦しみをゼロにすることはできないけれど、悩みすぎない」。これも「7〜3バランス」の考えの一つではないでしょうか。

人は一人では生きていくことはできません。

だからこそ、そばにいる人から共感され、一人ではないと感じることがその人を元気づけます。「この人はいい人！」とすぐに飛びつくのではなく、いいときも悪いときもともに過ごす中で、「悪いところもあるけれどいいところもあってどこか憎めないんだよな」と支え合えるような、心のつながりを見つけていきたいものです。

そばにいる人の長所や欠点も「味わいの一つだ」と思えるようになったあなたは、昨日よりももっとたくましく、しぶとく生きていくことができるでしょう。

おわりに

「一見、いい人」が一番ヤバイ。

ＰＨＰ研究所の編集者から、このテーマを提案されたとき、ライターの柳本さんと３人で、いろいろなことを考えました。

「ヤバイ」という言葉は、少なくとも若者用語の「良い」という意味ではないことは明らかですが、私が思ったのは、「一見、いい人」が一番うつになりやすい、というヤバさです。

しかし、編集者の意図は、「第一印象は良くても少しつきあうとなんとなく嫌な面が表れ、なかなかその関係から離れられないうちに泥沼にはまる。そんな〝一見、いい人〟に困っている人が多いのでは」というものでした。

周囲に聞いてみると、たしかに「いる、いる」というリアクションが多く、同時に「困るよね～」という声が聞かれました。

本書では、どうしてこのような「いい人」が次第に「困ったちゃん」に変わっていくのか、というメカニズムと、対処法をお伝えしてきました。

最後に、あらためて二つのことを強調しておきたいと思います。

一つは、**「一見、いい人」は、決して悪い人ではない**ということ。その人なりに一生懸命生きています。一生懸命生きているうちに「一見、いい人」というスキルを身につけただけ。本質的には、今、この本を読んでいるあなたと同じ人間です。

もう一つは、その「一見、いい人」を、**あなたは嫌いになってもいい**ということ。他者への行動は、好きな要素と嫌いな要素の天秤《てんびん》（バランス）で決まります。好きな要素が大きければ接近するし、嫌いな要素が大きければ離れるものです。

「一見、いい人」との人間関係のつらさは、いい人の魅力と、その人から受けるストレスがどちらも大きく拮抗《きっこう》しており、天秤自体がきしみ始めていることにあります。つまり、小さな葛藤ではなく、大きな葛藤になりやすいのです。

嫌いになりそうなとき、離れようとするとき、あなたは「でも、本当はいい人。

あんなこともしてくれた、こんなこともしてくれた、つらいときは、助けてくれた」などと自分を責めます。裏切りのような気持ち、せっかく一緒にやってきた時間と労力、可能性を捨てなければならない残念さも感じるかもしれません。

でも、こう考えてみてください。確かにその人はいい側面もあるし、よくしてくれたときもある。しかし、今は全体的に嫌な面が大きくなってきているのです。**トータルでマイナスが大きいのならば、離れていいのです。**

「一貫性がない」と自分を責める必要はありません。

ストレスが大きくなれば、離れる。それが自然な反応だからです。大好きで結婚しても、嫌いな側面が大きくなればお別れすることもある。一生懸命勉強して入学・就職しても、とどまる必要を感じなければ退学・退職する。それと全く同じです。

離れるといっても、その距離は自分で決めればいい。なにも、絶交する必要はありません。また、もし自分の状態や相手の環境に変化があれば、そのときに必要な距離感でつきあえばいい。**ストーブとの距離は、自分で決める。**これが自己責任です。

近づいて関係を結んでいた相手と距離をとるときの一歩目は、勇気が必要です。そんなときは、「卒業」というイメージを持つといいと思います。「一見、いい人」からいろんなことを学んだ。今は違うニーズや可能性が見えてきた。だから、卒業する。**今後のつきあいは、卒業してからまた考えればいい。**

本書は、ＰＨＰ研究所の堀井紀公子さんの面白い発想から生まれました。何度か重ねた編集会議では、人のいろいろな側面についての話題や質問、意見が飛び交い、私にとっても気づきが多く、エキサイティングな時間でした。

その会議の内容を本書にまとめてくれたのが、ライターの柳本操さんです。彼女とはこれまでも何度もいっしょにお仕事をさせていただいているのですが、いつも思うのが「柳本さん、天才！」ということです。

どうしても私は、頭（理屈）で人間を理解しようとする癖があります。確かに理屈がつくと面白く、納得が進む面があるのですが、それを文章などで表現すると、読者に負担を与えてしまいます。平たく言うと理屈が多く、小難しい内容になりがちです。

そんな私の話、本当に雑多なアイディアの羅列をしっかりコンパクトにまとめ、一般読者にわかりやすく表現してくれるのが柳本さんなのです。文章もとても柔らかく、読みやすい。本書も、本当に柳本さんに助けられました。

「一見、いい人が一番ヤバイって、私たちもヤバイかもしれない……」と、3人で笑いながら本書の作成を進められたことに、感謝します。

2019年3月

下園　壮太

〈著者略歴〉
下園壮太（しもぞの・そうた）
防衛大学校卒業後、陸上自衛隊初の心理幹部として多数のカウンセリングを経験。その後、自衛隊の衛生隊員（医師、看護師、救急救命士等）やレンジャー隊員等に、メンタルヘルス、カウンセリング、コンバットストレス（惨事ストレス）対策を教育。本邦初の試みである「自殺・事故のアフターケアチーム」のメンバーとして、約300件以上の自殺や事故にかかわる。平成27年8月退職。現在はNPOメンタルレスキュー協会でクライシスカウンセリングを広めつつ、産業カウンセラー協会、自治体、企業、大学院などで、メンタルヘルス、カウンセリング、感情のケアプログラム（ストレスコントロール）などについての講演・講義・トレーニングを提供する。著書30冊以上。
公式 HP：http://www.yayoinokokoro.net/

◉装丁 ———————— 井上新八
◉編集協力 ————— 柳本　操
◉装画および本文イラスト — くまみね

「一見、いい人」が一番ヤバイ

2019年4月1日　第1版第1刷発行

著　者　下園壮太
発行者　後藤淳一
発行所　株式会社ＰＨＰ研究所
東京本部　〒135-8137　江東区豊洲5-6-52
第四制作部　人生教養課　☎03-3520-9614（編集）
普及部　☎03-3520-9630（販売）
京都本部　〒601-8411　京都市南区西九条北ノ内町11
PHP INTERFACE　https://www.php.co.jp/
本文デザイン・組版・図版　齋藤　稔（株式会社ジーラム）
印刷所　凸版印刷株式会社
製本所　東京美術紙工協業組合

　ISBN978-4-569-84267-7